# 高湿热大气中桥梁钢的
# 腐蚀行为与耐蚀机理研究

李东亮　著

郑州大学出版社

图书在版编目（CIP）数据

高湿热大气中桥梁钢的腐蚀行为与耐蚀机理研究 /
李东亮著. —郑州：郑州大学出版社，2023.3
ISBN 978-7-5645-9531-9

Ⅰ. ①高… Ⅱ. ①李… Ⅲ. ①跨海峡桥-钢结构-腐
蚀机理-研究 Ⅳ. ①U448.19

中国国家版本馆 CIP 数据核字（2023）第 035856 号

高湿热大气中桥梁钢的腐蚀行为与耐蚀机理研究
GAOSHIRE DAQI ZHONG QIAOLIANGGANG DE FUSHI XINGWEI YU NAISHI JILI YANJIU

| 策划编辑 | 袁翠红 | 封面设计 | 张 涓 |
| 责任编辑 | 王红燕 | 版式设计 | 大豫出书网 |
| 责任校对 | 崔 勇 | 责任监制 | 李瑞卿 |

| 出版发行 | 郑州大学出版社 | 地　　址 | 郑州市大学路 40 号（450052） |
| 出 版 人 | 孙保营 | 网　　址 | http://www.zzup.cn |
| 经　　销 | 全国新华书店 | 发行电话 | 0371-66966070 |
| 印　　刷 | 郑州宁昌印务有限公司 | | |
| 开　　本 | 710 mm×1 010 mm 1/16 | | |
| 印　　张 | 11.5 | 字　　数 | 188 千字 |
| 版　　次 | 2023 年 3 月第 1 版 | 印　　次 | 2023 年 3 月第 1 次印刷 |

| 书　　号 | ISBN 978-7-5645-9531-9 | 定　　价 | 45.00 元 |

本书如有印装质量问题,请与本社联系调换

# 前　言

现代桥梁的高速、重载、大跨度和轻量化发展,显示出桥梁钢的强度、疲劳和冲击等性能已有大幅提升,而腐蚀性能却常被轻视。桥梁钢的耐蚀性偏低问题,已成为大型桥梁运行安全的限制性环节之一,并随其服役时间延长而愈发突出。

2007 年,杭州湾跨海大桥在国内第一次明确提出使用寿命不低于 100 年的目标。然而,将钢桥的实际寿命由当前的 50~60 年提升到 100 年,并且在工业污染日益加重的沿海地区,其难度可想而知。桥梁钢的腐蚀问题必须予以重视。为此,《桥梁用结构钢标准》(GB/T 714)相继在 2008 和 2015 年做了修订,并加入了耐大气腐蚀钢(耐候钢)内容。耐候钢作为最有前途的高性能钢之一,在美日用于大型桥梁已有近 60 年的历史和完善的配套设施,而我国直到 2011 年大胜关长江大桥才刚刚开始。

针对当前跨海大桥用钢的腐蚀和选材问题,本书围绕桥梁钢在"高湿热沿海工业大气中的腐蚀行为"和"耐湿热腐蚀性能与机理"两个关键点,从环境腐蚀介质、反应界面锈层和钢中合金元素等腐蚀三要素入手,主要通过室内模拟腐蚀实验、OM、SEM-EDS、XRD、XPS 和电化学方法等展开研究。实验参照 ISO 9223 和 TB/T 2375 等标准,以 0.1 mol/L NaCl+0.01 mol/L NaHSO$_3$ 溶液为腐蚀介质,在周期浸润腐蚀试验箱内模拟钢的湿热腐蚀行为。设定一个湿/干腐蚀周期为 80 min,包括三个步骤:浸润 18 min、42 ℃,自然干燥 46 min、45 ℃、RH>80%,强制干燥 16 min、45 ℃、RH=38%。主要研究内容和结果如下:

1. 高湿热沿海工业大气中钢的腐蚀行为及 Cl$^-$ 与 SO$_2$ 的协同作用机理研究

(1)SO$_2$ 污染前、后商品钢的湿热腐蚀行为。以商品钢 Q235B、Q345B 和 SPA-H 为测试对象,对比分析了它们各自在 SO$_2$ 污染前、后的高湿热沿海大气中的腐蚀特征(Q345B 作基础钢)。发现:SO$_2$ 污染会破坏锈层结构致锈巢生成,明显加重钢材的腐蚀深度损失;同时会明显提高外锈层的致密性,削弱 $Cl^-$ 的腐蚀特征。而添加 Mn、P+Cu+Cr+Ni 并细化钢组织晶粒,均有助于改善锈层的致密性和稳定性,降低钢的腐蚀损失。

(2)高湿热腐蚀中 $Cl^-$ 与 $SO_2$ 的协同腐蚀机理。$SO_2$ 污染前/后,高湿热沿海大气中钢的腐蚀行为变化说明:$SO_2$ 与 $Cl^-$ 具有协同作用。具体表现为:①外锈层致密性提高、脱落减少、颜色变浅、晶体相 $\alpha$-FeOOH 增加等,$Cl^-$ 引起的疏松明显减弱。$SO_2$ 溶入液膜后会失电子做阳极去极化剂,抑制钢的阳极溶解;促进 $\alpha$-FeOOH 生成,提高锈层的稳定性。同时 $SO_2$ 也会降低电解液膜的 pH值,加速溶解钢的保护膜和锈层。故认为在腐蚀初期,$SO_2$ 起主导作用,$Cl^-$ 辅助。②锈层内部:Q235B 锈层的晶粒粗大、层间黏附性差、锈巢明显增多增大、锈/钢界面疏松且有小孔巢、Cl 和 S 大量富集,即 $Cl^-$ 与含 S 酸均能侵蚀锈层和钢基体。Q345B 锈层明显好于 Q235B,而锈/钢界面到腐蚀后期仍有少量疏松、小孔巢、裂纹、Cl 与 S 的富集。SPA-H 锈层的缺陷随时间明显减轻,锈/钢界面Cl 与 S 的富集现象明显减轻。故认为随锈层形成和增厚,小粒径的 $Cl^-$ 能穿透锈层入侵钢基体,大粒径的 $HSO_3^-$ 能侵蚀锈层,为它们的滞留开辟场所,二者相互促进。同时添加少量合金元素可改善锈层性能,抑制腐蚀。

2. 低合金桥梁钢的耐湿热腐蚀性能及合金元素的作用机理研究

(1)低合金桥梁钢的耐湿热腐蚀性能。参比 SPA-H,以低合金桥梁钢为测试对象。桥梁钢是在 GB/T 714 等的基础上调整合金元素的种类及含量,并采用相同的工艺流程生产和试验方法测试性能。发现:添加少量 Mn、Ni、Cu、Cr、Mo、Si、Ca 等,均能改善锈层的保护性,缓解或防止桥梁钢的腐蚀。其中,含 Cu高 Ni 钢的耐蚀性最好,Ni 含量在 0.42~1.50 对腐蚀性能的影响不大,而添加Al 和提高 Mn 含量均会增加腐蚀损失。另外,可将 Ni≤0.42 和 Ca 处理两种合金方法,作为高性能-低成本桥梁钢的主要突破口。

(2)合金元素在钢材湿热腐蚀中的作用机理。高湿热沿海工业大气中,含$HSO_3^-$ 和 $Cl^-$ 的电解液膜会长时间润湿钢表面,并在锈层形成后向内部渗透。不稳定的氧化物膜或腐蚀产物——锈层(如两性含 Al 氧化物),将很快被含 S

酸侵蚀而失去保护作用。因此,在该条件下生成稳定(复合)氧化物,并形成连续且保护性好的锈层,进而降低钢的腐蚀损失,是合金元素耐蚀作用的主要表现。此外,合金元素还能细化锈晶粒以改善锈层致密性(如 Mn)、抑制锈的结晶以降低裂纹发生(如 Ni-3.55、Ca)、抑制 $\beta$-FeOOH 并促进 $\alpha$-FeOOH 生成以提高锈层稳定性(如 Si、Ni-0.42)、依靠自身特性提高钢/锈层稳定性(如 Ni、Mo)、提高锈颗粒间黏结性以增强锈层附着性(如 Cu)、富集在小裂纹等缺陷处以提高锈层的自修复能力(如 Cu、Ni-3.55)、改善锈层 pH 值并提高锈层电阻(如 Ca)、促进钢组织转变和均匀腐蚀(如 Cr)、净化钢质/组织以降低电位差腐蚀(如 Ca、Re)。但 Mn、Al 含量升高会降低锈颗粒黏结性,引发裂纹生成。

(3)裂纹对耐蚀锈层的危害。低合金桥梁钢腐蚀所得锈层中,S 元素仅在外锈层的裂纹处有少量分布,但锈/钢界面处有大量 Cl 元素分布且新生锈层疏松。即耐蚀锈层能强烈抑制 $SO_2$ 的侵蚀,但对 $Cl^-$ 的抑制能力很弱。锈层中,内部腐蚀反应引起的体积变化导致应力不断积聚,并在干燥期释放引发裂纹。裂纹为 $Cl^-$ 的入侵提供了绿色通道,而将大粒径的 $HSO_3^-$ 阻挡在外。裂纹增多增大,腐蚀危害自然加重,而以垂直于钢基体的贯通裂纹为最。修复小裂纹最有效的元素是 Cu,其次是高 Ni、Cr、Mo、Si 等。

3. 耐候桥梁钢的腐蚀演化规律及其焊接接头的腐蚀易感性研究

(1)耐候桥梁钢的腐蚀演化规律。高湿热沿海工业大气中,低合金(桥梁)钢的腐蚀深度损失曲线均遵循幂函数 $d = at^b$ 的分布规律。常系数 a、b 除受环境腐蚀介质和钢中合金元素的影响外,还因实验样本的时间点和密度分布而偏离真实值。腐蚀过程可简单分成两个阶段:锈层形成前的快速腐蚀阶段和锈层形成后的腐蚀减速阶段。高湿度会加速腐蚀进程或锈层增厚,导致 O 和 Fe 等元素的浓度梯度明显减小、裂纹发生概率增大。腐蚀产物/锈主要由非晶(如 $\delta$-FeOOH)和少量晶体 $\alpha$-FeOOH、$\beta$-FeOOH、$\gamma$-FeOOH、$Fe_3O_4/\gamma$-$Fe_2O_3$ 等组成。少量合金元素产生的(复合)氧化物,对改善锈层的保护性具有重要作用。

(2)桥梁钢焊接接头的腐蚀易感性。按桥梁钢的组织和晶粒,焊接接头可大致分为三部分:焊缝熔合区、热影响区和母材。以 4 种低合金桥梁钢的焊接接头为测试对象，分别将 0.1 mol/L NaCl 溶液和 0.1 mol/L NaHSO₃ 溶液，以 40 μL/cm² 的剂量均匀覆盖在焊接接头表面，腐蚀 1~4 min，并用体积比 4% 的硝酸酒精擦拭（腐蚀晶界）。发现：Cl⁻ 的腐蚀特征以点腐蚀为主，并有零星择优腐蚀；而 SO₂(HSO₃⁻) 的腐蚀特征则以均匀腐蚀为主，局部有电位差引起的轻微不均匀腐蚀。SO₂ 长期污染导致 H₂SO₃ 不断形成，会加速腐蚀进程而加重腐蚀。母材受焊接热影响后晶粒变粗大，但组织变化较小，故热影响区的强度虽明显降低，但腐蚀敏感性变化不大。焊缝熔合区是焊材与母材的二次熔合区，组织粗大、多夹杂且均匀性很差，故极易发生腐蚀，并可能因此造成巨大损失。开发配套的焊条、焊剂是降低焊接接头腐蚀敏感性的关键。而 Re 不但能净化钢质，还能促进焊缝熔合区的组织均匀性，应重点考虑。

该研究阐述了沿海工业大气中 Cl⁻ 与 SO₂ 的侵蚀特征与机理、钢中合金元素应对该湿热腐蚀的性能和机理及其焊接接头的组织与腐蚀易感性，期待为跨海大桥用钢的选材和开发提供理论支撑。

# 目 录

# 第1章

# 绪  论

## 1.1  我国钢桥的发展与耐久性问题

### 1.1.1  我国钢桥的发展历史

将钢材用于桥梁是桥梁建造技术的一次飞跃,大大提升了桥梁的参数和性能[1]。我国钢桥建设虽然起步很早(如:泸定桥 1705 年),但一直受制于落后的近现代工业技术,前期发展非常缓慢。从 1888 年建成的蓟运河桥到 1957 年的武汉长江大桥,基本均由外国人设计或建造。1968 年建成的南京长江大桥(16Mnq"争气钢"),是我国自主设计和建造的第一座长江大桥,标志着我国现代桥梁事业的开端。之后受政治、经济和冶金技术等因素影响,桥梁事业发展缓慢。

20 世纪 90 年代以后,国家经济、钢材性能和建桥技术的大幅提升,将桥梁建设事业推入高速发展轨道,大跨度公路桥梁和铁路桥梁如雨后春笋般相继建成并投入使用。其中,铁路桥梁多采用桁架形式的梁桥或拱桥,公路桥梁则主要采用悬索桥和斜拉桥,桥梁钢的连接方式由铆接、栓焊逐渐发展到全焊,桥梁的建设速度大大提高。

21 世纪以后,高性能跨海大桥兴起,标志着我国进入超大跨度、特大桥梁发展阶段。钢材的力学性能、工艺性能和化学性能等指标的持续改善,将新建桥梁的跨度、载重、时速和寿命不断推上新高度。随着多个世界级大型桥梁落成,我国的桥梁建设也逐渐受到世界的关注,标志性工程如表1.1~1.3所示。

表1.1　我国铁路桥梁的标志性工程

| 桥梁及建成年代 | 主跨度 | 钢 种 | 用钢指标 | 钢板厚 | 连接方式 | 防腐措施 |
| --- | --- | --- | --- | --- | --- | --- |
| 1968 南京长江大桥 | 160 m | 16Mnq | ≥320 MPa,≥30 J | ≤32 mm | 铆接 | 涂层 |
| 1993 九江长江大桥 | 216 m | 15MnVNq | ≥412 MPa,≥48 J | ≤16 mm | 栓焊 | 涂层 |
| 2000 芜湖长江大桥 | 312 m | 14MnNbq | ≥370 MPa,≥120 J | ≤50 mm | 栓焊 | 涂层 |
| 2009 天兴洲长江大桥 | 504 m | 14MnNbq | ≥370 MPa,≥120 J | ≤68 mm | 栓焊 | 涂层 |
| 2011 大胜关长江大桥 | 336 m | WNQ570 | ≥420 MPa,≥120 J | ≤68 mm | 全焊 | 耐候钢 |

表1.2　我国公路桥梁的标志性工程

| 桥梁及建成年代 | 主跨度 | 结构类型 | 设计时速 | 最大载荷 | 板 厚 | 连接方式 | 防腐措施 |
| --- | --- | --- | --- | --- | --- | --- | --- |
| 1991 上海南浦大桥 | 423 m | 迭合梁斜拉桥 | 40 km/h | — | ≤80 mm | 栓焊 | 防腐 |
| 1996 西陵长江大桥 | 900 m | 钢箱梁悬索桥 | — | — | | 全焊 | 防腐 |
| 2001 南京长江二桥 | 628 m | 钢塔斜拉桥 | 100 km/h | 120 吨 | | 全焊 | 防腐 |
| 2003 上海卢浦大桥 | 550 m | 全钢结构拱桥 | — | — | ≤100 mm | 全焊 | 防腐 |
| 2008 苏通长江大桥 | 1 088 m | 钢箱梁斜拉桥 | 100 km/h | 120 吨 | | 全焊 | 防腐 |

表1.3　我国跨海大桥的标志性工程

| 桥梁及建成年代 | 主跨度 | 结构类型 | 设计时速 | 载荷 | 设计寿命 | 连接方式 | 防腐措施 |
| --- | --- | --- | --- | --- | --- | --- | --- |
| 2005 上海东海大桥 | — | 斜拉桥 | 80 km/h | — | 100 年 | 全焊 | 防腐 |
| 2007 杭州湾跨海大桥 | 325 m | 钢箱梁斜拉桥 | 100 km/h | — | ≥100 年 | 全焊 | 全面防腐 |
| 2009 舟山西堠门大桥 | 1 650 m | 钢箱梁悬索桥 | — | — | 100 年 | 全焊 | 防腐 |
| 2010 平潭跨海大桥 | — | — | 80 km/h | 120 吨 | — | 全焊 | 防腐 |
| 2011 青岛海湾大桥 | — | — | 80 km/h | — | — | 全焊 | 防腐 |
| 2013 厦漳跨海大桥 | 780 m | 双塔斜拉桥 | 100 km/h | — | — | 全焊 | 防腐 |

## 1.1.2　我国钢桥的耐久性问题

　　钢材作为桥梁的筋骨,其作用和优势至今无可替代。我国近现代大型桥梁的发展史就是一部钢铁材料的发展史。

从我国自主研发的"争气钢"16Mnq，到 15MnVNq、14MnNbq，再到 WNQ570
或 Q420qE 等，钢材的强度不断提高、板厚效应明显改善、低温冲击韧性大幅上
涨、焊接性能逐步提升、耐候性能有所增强。如今，我国桥梁用结构钢已经形成
铁路桥梁用钢、公路桥梁用钢和跨海大桥用钢三大系列。其中，公路桥梁多选
用 Q345、Q370、Q420 等，跨海大桥多选用 Q345、Q390 等。我国桥梁用钢基本呈
现出一条"低碳钢→低合金钢→高强度钢→高性能钢"的发展轨迹[2]。

目前，我国现役桥梁用钢主要为低合金高强度钢，钢材自身耐候性能很差，
主要采用涂层来缓解腐蚀。桥梁的使用寿命一般为 50~60 年，仅有欧美发达
国家的一半。其间还要经过多次修护，耗费大量的人力、物力和财力。随着桥
梁向高速、重载、大跨度和轻量化发展，其运行安全和服役寿命也越来越受到重
视。若继续采用低合金高强度钢，而忽视钢材的耐蚀性能，将会给桥梁的运行
安全带来巨大威胁。国内外许多因钢材问题引起的桥梁事故显示：强度、疲劳、
冲击和腐蚀，是造成钢材失效的 4 个主要原因[3]；桥梁的服役时间越长、周围环
境越恶劣，腐蚀的潜在威胁越大[4]。随桥梁向轻量化发展，单位载荷用钢的厚
度/吨数越来越小，腐蚀对桥梁钢的短期影响越来越突出，这一点应该引起所有
桥梁设计、建造和管理部门的高度重视。

## 1.1.3　耐候钢用于桥梁是必然趋势

据统计[5]，超过 60% 的钢铁材料在大气环境中服役，由大气腐蚀引起的损
失占钢材总腐蚀损失的一半以上。对桥梁钢而言，在大气环境中服役的比例几
乎达到了 100%。因此，改善桥梁用钢的耐大气腐蚀性能，将是提高桥梁服役
寿命和今后钢材开发工作的重点之一。

钢材的大气腐蚀，是指钢材与周围大气环境（如：湿度、降水、刮风、日照、
腐蚀介质等）发生化学或电化学反应，而引起的变质和破坏的现象[6]。防止钢
材大气腐蚀的方法主要有 2 种[7]：一是通过涂料隔绝钢材与周围大气环境的接
触；二是调整钢中的微量合金元素，以改变锈层的结构和性质来保护钢基体，即
发展耐候钢。涂料在大气交变环境下极易老化，反复使用不但耗费大量人力、

财力,还会污染环境。据铁道部有关部门统计,1984—1987 年间,再涂装钢桥 1260 余孔,仅使用的优质涂料就达几千吨,耗资巨大。耐候钢属于低合金钢,其耐候性是普通碳素钢的 2~8 倍,虽然一次性投资较高,但后期几乎没有维护费用,可以显著提高基础设施的使用寿命。此外,加入的合金元素还能改善钢材的力学性能等,提升其整体性能[8]。为比较耐候钢的应用成本,日本一家锌化处理株式会社的建筑材料事业部,在 1993 年 7 月做了一项经济计算。结果显示:经过 40 年的使用,普通钢+涂装的总经费(按 3 次涂装计算)已超过了耐候钢裸露使用的 2 倍。柯伟院士等曾多次说过,耐候钢的潜在价值是巨大的,将耐候钢应用于桥梁是必然趋势。

桥梁建设者们显然已经意识到以上问题,并开始在桥梁建设中应用耐候钢。2007 年建成的杭州湾跨海大桥,在国内第一次明确提出使用寿命超过 100 年的目标,设计者们为此制定了全方位的防腐措施,并在管桩用钢方面采用了经济型耐候钢的设计理念。2011 年建成的南京大胜关长江大桥,所用钢材 WNQ570[9](武钢)具有屈服强度 $R_m \geq 570$ MPa、低温冲击韧性 $-40℃$ $A_{kV} \geq 120$ J、焊接参数 $P_{cm} \leq 0.20$、腐蚀速率为 09CuPCrNi 的 63% 和 12~68 cm 不区分板厚效应等优势。耐候桥梁钢以其明显的优势必将在未来的桥梁建设中发挥重要作用。

耐候桥梁钢凭借低廉的成本、优异的综合性能和巨大的经济潜力等优势,已经受到国内相关部门及工作人员的重视。

# 1.2  耐候桥梁钢在国内外的应用现状

## 1.2.1  国外耐候桥梁钢的应用历史

耐候桥梁钢作为高性能钢(HPS)的一个重要发展方向,在国外有着广泛的研究和应用,以美国和日本最为突出[10-12]。

美国于 1900 年开始研究耐候钢,1965 年首次将未涂装的耐候钢应用于桥梁上,1974 年最早制订了桥梁用耐候钢标准 ASTM(如 70W、100W),之后开始在各种桥梁建设中大量使用耐候钢。1997 年以后又对标准进行修订,出现了 HPS 50W、HPS 70W、HPS 100W 等钢种。目前,HPS 系列钢已在美国 42 个州数百座桥梁上使用。实践表明,与传统桥梁用钢相比,HPS 系列钢的应用可以使桥梁的制造成本降低最高达 18%、重量减轻 20% 以上。另外,截至 2000 年,美国不涂装使用的耐候桥梁钢已达 45%。

日本虽然 1955 年才开始研究耐候钢,但在 1967 年已将其用于桥梁上。1980 年以后,日本掀起了耐候桥梁钢的应用高潮,并在 1983 年首次制定了自己的标准 JIS,之后经修订又添加了 BHS 500W、BHS 700W 等钢种。BHS 500W 在东京湾海岸高速公路的应用比桥梁预算减重 3%、建设总成本减少 12%。近几年,日本耐候钢桥的比例约占到全部钢桥的 20% 以上。值得一提的是,日本高性能钢的开发非常重视基础理论研究[13],而且能够根据需要及时修改标准,钢材的性能测试往往在实际环境中进行,使得桥梁用钢的设计寿命非常准确,性能指标也最为先进。

## 1.2.2　国内耐候桥梁钢的应用现状

我国从 20 世纪 60 年代就开始研究耐候钢,但直到 20 世纪 80 年代初才受到重视。1989 年底,我国第一个耐候桥梁钢 NH35q(武钢),分别以裸露和涂漆的方式用于京广铁路的巡司河上。5 年挂片试验结果显示,其耐候性能是普通钢的 1.5~2 倍,各项性能与国外的 Corten B 和 SMA50 水平相当,但之后并未得到推广使用。原因是当时桥梁工程较少、跨度小,设计者们只考虑了钢材的强韧性、冲击性和疲劳性等,对耐候性能的重视程度远远不够,相关部门更是缺少推广的力度。除此之外,国内关于裸露使用耐候桥梁钢的实例和报道都很少见。

WNQ570 是继 NH35q 之后的又一个耐候桥梁钢的应用实例,开启了我国大型桥梁用耐候钢的新方向。其设计思路是:以超低碳($C<0.02\%$,wt)辅之以适宜的 Cu、Cr、Ni 等耐候性元素配比,经高纯净化处理,并采用适宜的浇

铸与轧制工艺,使钢板得到超细晶针状铁素体组织,以保证其整体性能良好,之后被收入为 Q420qE。但在不涂装使用耐候桥梁钢的道路上,我国至今还没有实质性发展。随着大型桥梁建设的高速发展,我国也加快了桥梁用钢标准的修订步伐。《GB/T 714—2008》的发布[14],结束了我国没有耐候桥梁钢标准的时代。它调整了《GB/T 714—2000》中原定元素的含量范围,并规定在桥梁用钢中加入一定量的 Cr、Ni、Cu、Mo 等耐蚀元素和 Nb、V、Ti、B、N 等强化元素。《GB/T 714—2015》又进一步扩充了耐候桥梁钢的种类和明确了合金元素的含量范围。但仍不能满足我国当前桥梁建设尤其是跨海大桥建设的需求,开发适宜的耐候桥梁钢迫在眉睫。

## 1.3  钢材的大气腐蚀与耐蚀机理

### 1.3.1  实验方法与锈层作用

研究大气腐蚀的最常用方法[15]有:户外/实地曝晒试验和室内模拟实验。实地曝晒试验可真实反映金属材料的腐蚀行为,为材料设计和防护提供可靠的数据。但是试验周期太长,需要 3 年以上稳定锈层形成后的数据作参考,而且区域特性很强,所得数据是大气中各种因素共同作用的结果,杂乱交错不利于腐蚀机理的研究。为了分析单个因素对腐蚀行为的影响,同时预测材料的耐蚀性能,多采用室内模拟/加速腐蚀方法。但需要根据实验目的来设计与实地暴露试验相关的一系列条件,如:室内初始单位腐蚀量与户外的倍数关系、室内腐蚀深度与速率的变化规律需与户外相同、室内所得锈层物相成分要与户外一致等,以确保实验的良好相关性和再现性,这样才可以认为室内加速腐蚀方法是合理的。

锈层在各个腐蚀阶段的结构、性质、物相组成等,较为详细地记录了钢材与周围大气环境之间的作用结果,锈层的结构和性能与钢材腐蚀行为密切相关[16-18],因此常将锈层作为反映钢材耐候性能的重要指标。锈层的结构和性质主要由钢中合金元素和钢材服役环境所决定,而改变大气/气候环境几乎是极其困难的,因此只能从改变钢中合金成分入手,如单一合金种类、数量,多合金搭配/协同等。

耐候钢的耐大气腐蚀性能,主要源自于其腐蚀产物膜/锈层的结构和性质[16]。在许多腐蚀性大气环境中,耐候钢表面都可以生成具有双层结构的锈层。外锈层与碳钢所生锈层类似,疏松多孔、黏结性很弱,保护性差。内锈层连续且附着力强、致密性好,可以有效阻止空气中的水分、氧气和腐蚀介质接触钢基体,降低其钢的腐蚀速率。同时内锈层颗粒细小,具有纳米网状结构,离子通道较少,锈层电阻较大,能降低界面组分导电性,活化钢的阳极面积、促进阳极钝化并提高基体腐蚀电位。另外,某些合金元素(如 Cr、Ni 等)在腐蚀中会生成各种铁的氧化物和羟基氧化物,通过取代 $Fe_3O_4$ 中部分 Fe 的位置,生成 $\alpha$-$Cr_xFe_{1-x}OOH$ 和 $Fe_{3-x}Ni_xO_4$ 等复合化合物,使得锈层具有了阳离子选择性,抑制了 $Cl^-$ 的入侵[19,20],从而提高锈层保护性。

## 1.3.2 大气腐蚀行为与机理

在影响钢材腐蚀的所有环境因素中,腐蚀介质和润湿时间(TOW)是最重要的两个[21]。降水、光照、风等均通过 TOW 影响腐蚀。根据腐蚀介质差异,可将大气环境分为:乡村大气、城市大气、工业大气和海洋大气等类型。其中,以海洋大气(主要介质为 $Cl^-$)和工业大气(主要为 $SO_2$)对钢材的腐蚀最为严重,分布最广、损失最多。而根据 TOW(包括:相对湿度、液膜厚度等)又可分为干、潮和湿腐蚀。其中,以相对湿度(RH)超过 80%的大气,对钢材的腐蚀最为严重;而吸湿性颗粒会将快速腐蚀的临界值降低至 60%以下。环境湿度越高、污染越严重,则腐蚀液膜越容易形成,其腐蚀性也越强,钢的腐蚀速度也越快。

前人研究认为[22,23]:在潮湿的海洋大气中,Cl 盐气溶胶在钢表面吸附并电离出 $Cl^-$,能增强液膜的导电性并破坏钢的钝化膜,促进 Fe 的阳极溶解,而 $Cl^-$ 自身不被消耗,起到"催化剂"作用;在潮湿的工业大气中,$SO_2$ 吸附到钢表面与液膜结合生成 $H_2SO_3$,进而被氧化成 $H_2SO_4$,它们与 Fe 反应生成 $FeSO_4$,$FeSO_4$

又水解产生微量 $H_2SO_4$，继续腐蚀钢基体，在局部形成"酸的循环"。

相同的是，其腐蚀电化学的阴极过程都主要以 $O_2$ 和腐蚀产物的还原为主[24]。不同的是：在腐蚀过程中，$Cl^-$ 很可能会生成挥发性物质（如 HCl）而逸出锈层，因此需要不断补充新的 $Cl^-$ 来维持腐蚀；$SO_2$ 则因循环生酸过程，而不需要添加新的 $SO_2$ 就可以维持腐蚀。$Cl^-$ 含量丰富时，腐蚀产物中会有 $\beta$-FeOOH 生成，这在只含 $SO_2$ 的环境中则不会出现[25,26]。$SO_2$ 会降低电解液的 pH 值，当 pH<4.0 时还可能会有 $H_2$ 产生，而 $Cl^-$ 对 pH 值没有影响。海洋大气中的腐蚀会呈现"流锈"现象，是高湿度大气和高 $Cl^-$ 浓度共同作用的结果；而工业大气中生成的锈层会有"锈巢"存在，是 $H_2SO_4$ 与锈层反应导致其结构破坏的表现。

$Cl^-$ 与 $SO_2$ 共存的大气环境中，二者的协同作用机理、钢材的腐蚀行为，同样引起了科研工作者的密切关注。

屈庆、崔雷等[27,28]分别通过室内湿/干周期腐蚀模拟实验，研究了钢在 $Cl^-$、$SO_2$、$Cl^-$&$SO_2$ 三种大气中的腐蚀行为。结果表明：$v_{C\&S} > v_C > v_S$，钢在 $Cl^-$ 与 $SO_2$ 共存环境中的腐蚀最为严重；XRD 检测到的锈物相成分主要为无定型晶体和少量晶体 $\alpha$-FeOOH、$\beta$-FeOOH、$\gamma$-FeOOH 和 $Fe_3O_4$ 等，经红外光谱分析还发现 $FeSO_4 \cdot H_2O$、$\gamma$-$Fe_2O_3$ 等。

Allam 等[29]采用 EDX、XRD、XFS、AES、XPS、FTIR 等多种手段，分析了暴露于阿拉伯海湾 12 个月的碳钢腐蚀产物。认为：侵蚀性较强的 $Cl^-$ 在腐蚀初期起主导作用，但后期因供应不足（可能生成 HCl 挥发），其作用被 $SO_2$（循环生酸）替代。并根据检测到的物相阐述了相应的腐蚀机理[30,31]：

阳极：电位低的铁素体等先溶解、失电子，作阳极

$$Fe \longrightarrow Fe^{2+} + 2e^- \tag{1.1}$$

阴极：电位较高的珠光体等作阴极，但不得电子；O 与锈层得电子、还原，做阴极去极化剂

$$O_2+2H_2O+4e^- \longrightarrow 4OH^-, H_2O \longrightarrow H^++OH^-$$

$$Fe^{2+}+2OH^- \longrightarrow Fe(OH)_2$$

$$4Fe(OH)_2+O_2 \longrightarrow 4FeOOH+2H_2O$$

$$8FeOOH+Fe^{2+}+2e^- \longrightarrow 3Fe_3O_4+4H_2O \qquad (1.2)$$

$$4Fe_3O_4+O_2+6H_2O \longrightarrow 12FeOOH$$

$$4Fe_3O_4+O_2 \longrightarrow 6Fe_2O_3$$

单纯富含 $Cl^-$ 时,其载体 $\beta$-FeOOH 会出现,阴极反应为:

$$Fe^{2+}+2Cl^- \longrightarrow FeCl_2, Fe^{3+}+3Cl^- \longrightarrow FeCl_3$$

$$4FeCl_2+O_2+6H_2O \longrightarrow 4\beta\text{-}FeOOH+8HCl\uparrow \qquad (1.3)$$

单纯 $SO_2$ 存在时,$\beta$-FeOOH 不会出现,阴极反应为:

$$SO_2+O_2+2e^- \longrightarrow SO_4^{2-}, Fe^{2+}+SO_4^{2-} \longrightarrow FeSO_4$$

$$4FeSO_4+O_2+6H_2O \longrightarrow 4\gamma\text{-}FeOOH+4H_2SO_4 \qquad (1.4)$$

Asami 等[18]研究了在日本海洋工业大气中暴露 17 年的两种耐候钢和一种普碳钢,发现:所有产物均主要由非晶和少量 $\alpha$-FeOOH、$\beta$-FeOOH、$\gamma$-FeOOH、$Fe_3O_4$ 等晶体组成,非晶产物主要存在于锈层底部,$\beta$-FeOOH 主要存在于锈层较厚的地方,$Fe_3O_4$ 与 $\beta$-FeOOH 具有负相关性;耐候钢所生锈层中 $\alpha$-FeOOH 较多而 $\gamma$-FeOOH 较少,与普碳钢正相反。

王振尧等[32]研究了辽宁红沿河地区暴露 2 年的低合金钢 P265GH 和碳钢 Q235,发现:两种钢的腐蚀失重与实验时间的关系均符合幂函数 $W=At^n$ 规律,n 值处于 0.5~1 之间;腐蚀产物主要为 $\gamma$-FeOOH 和 $\alpha$-FeOOH,还有少量的 $\beta$-FeOOH、$Fe_3O_4$ 等;根据锈层中元素分布情况,认为 $SO_2$ 在腐蚀前期起关键作用,$SO_2$ 与 $Cl^-$ 协同作用加速了腐蚀进程,而 $Cl^-$ 的作用随锈层增厚会更加突出。

综合前人研究成果,发现:$SO_2$ 与 $Cl^-$ 的协同作用会加速钢材的腐蚀;随着腐蚀时间增加,腐蚀速率降低;腐蚀产物、机理与钢材服役环境有密切关系,以 $SO_2$ 和 $Cl^-$ 的浓度、大气相对湿度、降水频率、干燥时间等因素对腐蚀的影响最大。而在阐述 $Cl^-$ 与 $SO_2$ 协同作用机理方面,王振尧与陈文娟等[33,34]研究结果的差异,在一定程度上说明作用机理随环境改变而有所变化。

## 1.3.3　钢中合金元素的作用

耐候钢的耐蚀机理,是通过调整钢中合金元素的种类、数量、组合等,来改善锈层的结构与性质,以达到阻滞腐蚀介质入侵、延缓钢基体腐蚀的目的[35,36]。就桥梁用结构钢而言,需要在保证其力学性能的前提下,改善其焊接性能和耐蚀性能。对于钢中常见元素的作用,已被证实或形成一定共识的总结如下[37,38]:

C:是提高钢材力学强度不可或缺的元素,但含量升高会降低焊接性能和低温冲击韧性等。C 在钢中溶解度很小,常以碳化物形式存在,如渗碳体。渗碳体/珠光体的电位较高、铁素体电位较低,它们在电化学腐蚀过程中易形成微小原电池,电位较低的会首先发生腐蚀,失电子、被溶解。但在大气、淡水与海水等形成的中性液膜下,C 含量对腐蚀的影响很小。钢的组织形态对其耐蚀性也有一定影响。当 C 含量相同时,片状珠光体比球状珠光体的腐蚀速率快,而且片层越细、片层间距越小,腐蚀速率越快。屈氏体组织较回火马氏体组织析出的渗碳体多,而较索氏体组织细,故易遭受腐蚀。为降低基体电位差,耐候钢中常将 C 含量控制在 0.12% 以下。

Si:在炼钢中作还原剂用于脱 O,镇静钢中含 Si 0.15%~0.30%。Si 用于弹簧钢中,能显著提高钢的弹性极限、屈服点和抗拉强度。调质钢中加入 1.0%~1.2% 的 Si,可提高强度 15%~20%。Si 与 Mo、W、Cr 等结合,能提高钢的抗腐蚀、抗氧化性能,可用于耐热钢。含 Si 1%~4% 的低碳钢硅钢片,具有极高的导磁率。但 Si 含量增加,会降低钢的焊接性能。

在金属学中,Si 的作用类似于 P,能缩小 γ 相区,形成 γ 相圈;其在 α-Fe 及 γ-Fe 中的溶解度均大于 P,对铁素体的固溶强化作用仅次于 P。Si 可提高钢的电阻率、抗应力腐蚀开裂性能,增强其在自然条件下的耐蚀性,与 Cu、Cr、P、Ca 等配合使用的耐蚀效果会更好。Oh 等[26]分析了户外曝晒 16 年的含 Si 钢后认为,提高 Si 含量有利于细化 α-FeOOH 颗粒,降低钢的平均腐蚀速率。而张起生等[39]通过室内加速腐蚀实验研究发现,Si 会恶化碳素结构钢的耐蚀性能。Jeong 等[40]认为,Si 与 Ca 联合使用的效果更佳,形成的 $CaO_x \cdot SiO_2$ 或 $CaO \cdot Al_2O_3 \cdot 2SiO_2$ 能使腐蚀界面达到适宜的 pH 值,促进保护性锈层中 $\alpha$-FeOOH 相的生成。

对于强度要求较高的耐候钢,Si 含量应略高于普通耐候钢,以提高其强度、屈服点和耐磨性;而强度要求不太高的耐候钢,宜将 Si 含量降至普通钢水平,以减少焊接时的飞溅。

Mn:是保证钢材力学性能的基本元素,可溶于铁素体,能细化珠光体晶粒,进而提高钢的强度。Mn 在炼钢中是良好的脱 O 剂和脱 S 剂,通常在钢中的含量为 0.30%~0.50%。Mn 含量超过 0.70%的碳素钢称为"锰钢",不但具有较高的强度,而且有足够的硬度和韧性。Mn 能提高钢的淬透性,改善热加工性能,16Mn 钢的屈服点比 A3 钢高约 40%。含 Mn 11%~14%的钢有很高的耐磨性,可用于挖土机铲斗、球磨机衬板等。Mn 虽然能削弱或消除 S 的不良影响,但易形成 MnS 塑性夹杂物,在热轧时沿轧制方向伸长会恶化钢的成型性能。有研究认为,Mn 含量增高会降低钢的焊接性能,关于 Mn 对钢材耐候性的影响还没有形成共识。较多学者认为,Mn 能提高钢在海洋大气中的耐蚀性[41],但对工业大气中的耐蚀性没有影响,耐候钢中的 Mn 含量一般为 0.5%~2%。

P:是提高钢材耐大气腐蚀性能最有效、最廉价的元素。P 含量在 0.08%~0.15%时的耐候性最佳,与 Cu 联用时的复合耐候效果会进一步提升[42]。在大气腐蚀过程中,P 是阳极去极化剂,能促进钢的均匀溶解、提高 $Fe^{2+}$ 的氧化速率,同时在钢表面形成均匀的 FeOOH 锈层,并促进非晶态 $FeO_x(OH)_{3-2x}$ 形成致密的保护膜,增大锈层电阻而阻滞腐蚀介质的入侵。$PO_4^{3-}$ 盐的生成同样具有缓解腐蚀的作用。

钢中 P 含量较高时会出现低温脆性,同时有害于焊接性能。采用焊接方式连接的钢板,应将 P 控制在 0.04%以下。因 P 含量降低而造成的耐候性损失,可由 Cu、Cr、Ni 等元素来弥补。P 对钢的有害作用还与钢中 C 含量有关,降低 C 含量,使 C 与 P 的含量之和不超过 0.25%时可防止冷脆倾向。

S:在通常情况下是有害元素。它会使钢产生热脆性,降低钢的韧性和延展性,导致锻造和轧制时易产生裂纹。S不利于焊接性能,同时会降低钢的耐蚀性。钢中S化物夹杂会诱发点蚀和应力腐蚀,因此必须控制S含量以维护钢材的耐蚀性。普通钢中含S量应小于0.055%,优质钢要求小于0.040%。但在钢中加入0.08%~0.20%的S,能明显改善其切削性能。

Cu:是钢材的强化元素之一。经过时效处理,含Cu钢能沉淀析出细小弥散的$\varepsilon$-Cu颗粒,强化钢组织以弥补降C导致的强度损失。Cu为面心立方结构,能降低钢的冷/脆转折温度,提高其低温韧性。但在高温热处理过程中,Cu容易向奥氏体晶界扩散并富集,导致钢表面产生网状裂纹或"龟裂"缺陷,因此对钢的热加工性能和焊接性能会产生不利影响[43]。钢中加入0.2%~0.35%的Cu时,无论在乡村大气、工业大气还是海洋大气中,都具有优良的耐候性,而抵抗工业大气腐蚀的效果更为显著[44]。

Cu改善钢材耐候性的说法主要有3种:一是促进阳极钝化论。Tomashov[45]认为,钢表面二次析出的Cu作为阴极,能促进钢的阳极钝化,并形成保护性较好的锈层。二是Cu富集说。Dünnwald等[46]认为,Cu在基体与锈层之间形成以CuO为主要成分的中间阻挡层,它与基体结合牢固,因而具有较好的保护作用。三为提高锈层临界湿度[47]。该说法认为,Cu、P等合金元素共同作用,降低了锈层的吸湿性或导电性,提高了其临界湿度,改善了钢基体的耐候性。前两种说法均基于Cu在钢表面或锈层中的富集现象,它们应该会同时起作用[48]。

另外,Cu、P能形成多种复盐,继而成为FeOOH结晶的核心,并细化内锈层以减少离子通道和压缩阳极面积,还能减少$Fe_3O_4$生成,降低内锈层的导电性。Cu还能抵消钢中S的有害作用,降低腐蚀速率。而且钢中S含量越高,Cu的效果就越显著。一般认为是Cu与S生成了难溶的硫化物,降低了其活性所致。当钢中含S而无Cu、P时,阳极反应很容易在硫化物不均匀处发生。所得腐蚀产物晶粒粗大、孔隙率高,难以形成致密的锈层。

Cr:Cr能显著提高钢的强度、硬度和耐磨性,但同时会降低其塑性和韧性。

Cr 常用于不锈钢、耐热钢和耐候钢中,能提高其抗氧化性和耐蚀性能。少量 Cr、Mo 能改变 Cu 的时效行为,避免其时效脆性。Cr 在钢表面能形成致密的氧化膜,为其提供钝化保护;当 Cr 与 Cu 同时加入时,效果会尤为明显。耐候钢中 Cr 含量一般为 0.4%~1%。Yamashita 等人[19]指出,Cr 含量提高有利于细化 α-FeOOH 颗粒,(钢/锈界面)α-FeOOH 中 Cr 含量超过 5%时,能有效抑制腐蚀性阴离子,特别是 $Cl^-$ 的入侵。Kamimura 等人[49]认为,添加 Cr 还可以阻止湿/干交替过程中 $Fe^{3+} \longrightarrow Fe^{2+}$ 的还原反应,提高锈层稳定性。张全成等[20]认为,Cr 先在钢中形成固溶体,又在腐蚀过程中发生二次分配,其去向有:在锈层中形成 Fe-Cr 多元氧化物;在钢组织晶界和锈层微裂纹处产生富集;超过溶解度的 Cr 会被排斥到基体中产生富集。

Ni:在钢中能无限固溶,同时还能促进其他合金元素的溶解。不但能提高钢的强度和韧性,还能改善其焊接性能。Ni 的稳定性高于 Fe,能使钢的自腐蚀电位正移,提高其电化学稳定性。Ni 的耐酸、碱腐蚀能力都较强,而且具有良好的耐热和耐高温腐蚀性能。耐候钢中添加不低于 Cu 含量 1/2 的 Ni,可以促进 Cu 的固溶,并在钢组织晶界产生熔点较高的 Cu-Ni 化合物,防止含 Cu 钢的热脆和热轧指裂纹发生。Ni、Cu 协同作用可以显著提高钢的耐大气腐蚀性能。虽然 Ni 的优势很多,但资源稀缺、价格很高,应尽量选择替代元素。

Nishikata[50]认为,少量 Ni 对提高钢的耐候性并不明显,当含量大于 3%时才会有明显效果。Choi 等人[51]通过 EPMA 分析了 Ni 的富集状态,发现 Ni 在锈层中呈均匀分布,未有富集现象。Nishimura 等人[52]用 XPS 分析了含 Ni 3% 的耐候钢在临海环境中的腐蚀锈层,发现 Ni 以 $Ni^{2+}$ 化合物的形式存在于锈层中。木村正雄等[53]研究了含 Ni 3%的耐候钢所生锈层,证明 $Ni^{2+}$ 取代 $Fe_3O_4$ 中 $Fe^{2+}$ 的位置,处于 $Fe_3O_4$ 反尖晶石结构的四面体中心。Chen 等[54]通过实验证明了这种 $NiFe_2O_4$ 结构具有阳离子选择性,使锈层具有抵御 $Cl^-$ 入侵的能力;1%~3%的 Ni 能细化内锈层晶粒,提高其致密性。

Mo:能细化钢组织晶粒,提高钢的强度又不降低其塑性和韧性;能提高钢的耐热性、高温强度和抗蠕变能力,防止回火脆性;能改善钢的淬透性和耐磨性,提高剩磁和矫顽力,等。少量 Mo 可以提高钢的耐蚀性,并降低 Cu 的时效脆性。当钢中含 Mo 0.4%~0.5%时,其大气腐蚀速率可能降低 1/2 以上,尤其是在工业大气环境中。郝龙等[55]通过 XPS 检测到 Mo 在锈层中的存在价态为+6,并通过 EPMA 检测到了难溶化合物 Mo 酸盐的存在,认为钼酸盐能起到缓蚀剂的作用。此外,Mo 也能促进非晶态氧化膜的形成。

Co:是稀有的贵重金属,多用于特殊钢和合金中,如热强钢和磁性材料。它可以改善钢的高温性能,提高其红硬性,增强高温抗氧化和耐蚀性能等。研究发现,Co 同 Ni 一样,能提高钢的稳定性、有效抑制 $Cl^-$ 入侵锈层,提高钢在海洋大气中的耐蚀性。

Ca:在炼钢中用于脱 O、脱 S 和改变夹杂物形态,进而提高钢的强度并促进其均匀腐蚀,同时能形成碱性氧化膜改善锈层保护性。研究表明,微量 Ca 不仅显著改善钢的耐大气腐蚀性能,而且能有效避免耐候钢的"锈液流挂"现象。Akgül 等[56]认为,Ca、Si 联合使用的耐蚀效果更佳;当其含量分别为 68 ppm($1\ ppm = 1×10^{-6} = 0.0001\%$)和 0.62%时,钢的耐候性能最好。

Re:稀土元素的化学性质极为活泼,常用作脱 O、脱 S 剂并净化钢组织晶界,能削弱钢中许多有害元素的影响,改善钢的质量。耐热不锈钢中加入 Re 可改善其热加工性能,结构钢中加入 Re 可提高其塑性及韧性。无 Cr、Ni 耐候钢中常添加 Re 元素,但含量一般不大于 0.2%。Re 可净化钢组织和晶界,改变夹杂物的存在状态、减少有害夹杂物数量,进而削减腐蚀源点,提高钢的抗大气腐蚀性能[57]。Re 在耐候钢中的作用可归纳为:①提高内锈层的致密性、与基体的结合力,阻止 $O_2$ 和 $H_2O$ 在锈层中的传输;②Ce 可降低 Cu 的活度,提高其溶解度,并减少 P 的宏观偏析;③净化钢液和钢质;④改变夹杂物形态;⑤抑制树枝晶生长,减少 S 偏析对钢材力学性能和耐蚀性能的恶劣影响;⑥固溶强化并细化晶粒;⑦改善钢的横向韧性和冷弯性能。

Nb:可细化钢组织晶粒,并沉淀强化以改善钢的力学性能,但会稍微降低塑性和韧性;可降低钢的过热敏感性及回火脆性,提高耐热钢的强度和抗蚀性等;还可以改善钢的焊接性能。普通低合金钢中加 Nb,可提高其抗大气腐蚀性能和高温条件下抗 H、N、$NH_3$ 的腐蚀性能。奥氏体不锈钢中加 Nb,可防止晶间腐蚀发生。

Ti:是 C、N 化合物形成元素,还可以固定有害元素 S,改善钢的纯净度和高温性能。Ti 能抑制铁锈中不稳定相 $\beta$-FeOOH 的生成,提高钢的耐海洋大气腐蚀性能。日本学者 Nakayama 等人[58]研究发现,钢中加入 0.05% 的 Ti 能提高其在海洋大气环境下的耐蚀性,并由日本神户制钢公司 Kobe 生产出 0.1%Cu-1.0%Ni-0.05%Ti 的耐海洋大气腐蚀钢。

合金元素不但多以氧化物形式存在于锈层中,还会对锈物相成分产生重要影响,日本学者对此进行了深入研究。Ishikawa 等人[59]研究表明:$\alpha$-FeOOH、$\beta$-FeOOH 和 $\gamma$-FeOOH 均可与 Fe(OH)$_2$ 反应生成 $Fe_3O_4$,反应由易到难的顺序为 $\beta$-FeOOH>$\gamma$-FeOOH>>$\alpha$-FeOOH。根据学者们的研究,可将常用金属元素 Cr(3+)、Cu(2+)、Ni(2+)、Ti(4+)等对锈物相成分的影响规律归纳为:①Ti 能显著阻止 $\beta$-FeOOH 晶粒长大,Cu 对其影响可忽略,其他则会略微增大 $\beta$-FeOOH 的尺寸;②除 Ti(4+)外,其他金属均阻止 $\gamma$-FeOOH 的晶体转变和长大;③Ni(2+)会进入 $\alpha$-FeOOH 晶格中阻止 $\alpha$-FeOOH 晶粒长大,效果随其含量升高而明显,与其他三种的阻止顺序为 Ni<Ti<Cr<Cu;④四种金属均会阻滞 $Fe_3O_4$ 的晶体转变。一些研究结果还认为,Mn(2+)对 $\alpha$-FeOOH 的影响很小,而 Al(3+)、Cr(3+)等可以替代 $\alpha$-FeOOH 和 $\gamma$-FeOOH 晶体中的 Fe 并形成固溶体。

合金元素明显改善钢材耐蚀性通常需要一定时间,即保护膜或锈层形成时间。随腐蚀时间延长,合金元素会促使腐蚀产物向非晶态羟基铁氧化物或热力学稳定性更高的锈晶体相转化,而 $\alpha$-FeOOH 是公认最稳定且最具保护性的锈晶体。

综合前人研究成果,合金元素对钢材耐蚀性的影响可归纳为:

①提高钢的自腐蚀电位,或在/促使钢表面形成钝化膜;

②净化钢质和晶界,提高组织均匀性,促进均匀溶解;

③抑制不稳定物相并促进 $\alpha$-FeOOH 生成,改善锈层稳定性;

④推迟/阻止锈物相结晶,降低锈层缺陷产生概率;

⑤阻塞/修复锈层裂纹等缺陷,提高锈层结构的致密性;

⑥细化锈层颗粒,或改变锈层/腐蚀产物膜性质,抑制腐蚀离子入侵;

⑦提高锈层的黏结力、附着性。

## 1.4 我国发展耐候桥梁钢的机遇与挑战

我国粗钢产量自 1996 年跃居世界第一之后,产能过剩问题就日趋严重。一方面高端产品需要不断进口,另一方面低端产品严重过剩。近 10 年来,全球经济持续低迷导致出口受阻,国内房地产市场相对饱和使得内需下降,钢铁企业转型压力倍增。钢铁企业现有的成套生产设备、技术成熟且经验丰富的生产工人、与之相配套的供电、运输系统等,为发展耐候桥梁钢提供了资源和技术保障。当前国家拥有雄厚的经济实力,对内实行宽松的货币政策,对以桥梁为代表的基础设施的投资不断加大,为发展耐候桥梁钢提供了经济和政策保障;对外"走出去"战略的实施,亚洲基础设施投资银行的成立、"一带一路"的宏伟设计,等等,为发展耐候桥梁钢开启了广阔的国际市场。

我国研究高性能耐候桥梁钢的起步较晚,与美国、日本同类产品相比还存在很大差距。如:产品种类单一、综合性能较差、寿命估测不准,配套设施不完善等。虽然我国在耐候钢方面已经做了很多研究工作,如:耐蚀机理研究、成分工艺控制、组织选择与保证等,产品性能也有了明显的进步。但是,我国在耐候桥梁钢的设计和应用方面还非常缺乏经验,产品的竞争优势不足,尤其是耐候性能太差。目前最关键的问题是:我们对合金元素在桥梁钢中的作用缺乏系统的研究,对不同环境中耐候桥梁钢的腐蚀行为还缺乏全面、深入的认识,甚至对一些刚开发或在改变的大气环境的腐蚀知识储备还接近空白。面对来自国内外的机遇和挑战,我们有必要对以上问题进行系统和深入的研究,为开发高性能耐候桥梁钢储备知识。

# 1.5 问题提出和研究意义

改革开放以来,我国长期坚持以经济建设为中心,而轻视了对环境的监管和保护。工业高速发展、经贸日益繁荣、车船保有量持续增加等,导致化石燃料消耗和工业尾气排放均呈几何增长。以 $SO_2$ 为代表的工业尾气在大气中的含量不断升高,对以桥梁为代表的户外基础设施用结构钢的威胁持续增大。

## 1.5.1 问题的提出

东南沿海地区,经济发达、人口众多、基础设施完善。那里分布全国最密集的道路交通线网、最先进的道路交通设施和最快速/便捷的交通/换乘工具。但长期受海洋大气影响,降雨多、空气湿度大,钢材的腐蚀非常严重。而 $SO_2$ 的持续污染,导致腐蚀形势更为复杂和严峻。如今 $SO_2$ 与 $Cl^-$ 共存的大气形势已成为新常态,而 $SO_2$ 污染前后钢材的腐蚀行为如何变化、$SO_2$ 与 $Cl^-$ 的协同作用机理又是怎样的、高湿热条件[60,61](如夏秋季节)的腐蚀程度如何,我们还不十分清楚。

当前我国大型桥梁建设正处于高速发展阶段,已建成和在建的数量、规模均处于世界前列,建设水平也不断提升,并逐步走出国门服务世界。在建设规划中的大型桥梁,多分布在沿海地区,对质量的要求也不断提高。

特别是,代表国家最高建桥水平的——跨海大桥,在积累了丰富的建造经验之后,也进入快速发展阶段。它们将在沿海地带的极端大气环境中服役终生,不论大气环境如何变化,如:能见度低、降水很多、风暴气旋频繁,始终如一的是高浓度的 $Cl^-$ 气溶胶[62]、长期润湿/渗透的电解液膜[63]、持续加重的 $SO_2$ 污染。在提出使用寿命达 100 年以上的口号时,我们还没有确保目标落实的防护方法和经验。单纯依靠涂装措施在短期内就会失效,而电化学保护又难以大量使用,不但人力、资源耗费太高,而且潜在危险重重。耐候钢的防腐等综合优势突出,欲大量使用却没有适当的选材和开发经验可循。前人的研究成果在该条件下是否可行、有何变化,均需要我们做系统且深入的研究。

对于钢材的大气腐蚀行为和耐腐蚀机理,前人已经做了大量研究,很多成果被反复论证并用于实践。同时,在某些问题上仍然存在着不同的观点,有时甚至截然相反。究其根本原因,主要是钢种及其服役环境的差异,包括:合金元素的种类、含量及其组合、钢材组织与性能,大气腐蚀颗粒的种类和浓度、环境相对湿度、电解液膜润湿时长;还有实验考察目标、参数设置和表征手段,等。简言之,材料与时空差异。

因此,在开发耐候钢时,要充分了解钢材的服役环境;在讨论腐蚀机理时,应基于合理的实验材料、实验方法和评价手段。而对于耐候桥梁钢,还要兼顾力学性能、焊接性能等,以使桥梁用钢的综合性能达到最佳。

## 1.5.2 研究目的及意义

该书着眼于我国跨海大桥用结构钢的腐蚀和选材问题,以 $SO_2$ 和 $Cl^-$ 共存的新型沿海大气形势为背景,以高湿热环境为特定条件,通过较为系统的实验和考察手段,研究了低合金(桥梁)钢的腐蚀行为、耐蚀性能和机理。主要解决以下几个问题:

(1)考察常见合金元素对钢材力学强度、低温冲击韧性、焊接性能等的影响规律。

(2)通过模拟 $SO_2$ 污染前/后的高湿热海洋大气中,常用低碳/合金钢的腐蚀行为差异,揭示 $SO_2$ 污染对钢材腐蚀损失的影响、$SO_2$ 与 $Cl^-$ 的协同腐蚀机理。

(3)通过高成本/性能桥梁钢中,合金元素对腐蚀损失、锈层结构和成分的影响,揭示其在湿热腐蚀中的作用机理。

(4)通过低成本桥梁钢中,合金元素对腐蚀损失和锈层性质的影响,揭示其改善湿热腐蚀性能的可行性。

(5)通过焊接接头的初始腐蚀行为,分别了解 $SO_2$ 与 $Cl^-$ 各自的初始腐蚀特征、桥梁钢的腐蚀薄弱环节。

此研究旨在唤起人们对桥梁钢腐蚀性能、桥梁运行安全和长寿的重视,为我国当前跨海大桥用钢的选材提供参考,并为高性能/低成本桥梁钢的多元化开发提供理论支撑。

## 1.5.3　创新点

本书选择"$SO_2$ 与 $Cl^-$ 共存的沿海工业大气中钢材的湿热腐蚀行为"和"桥梁钢的耐湿热腐蚀性能与机理"两个关键问题,从环境腐蚀介质、反应界面锈层和钢中合金元素等腐蚀三要素入手,采用合理的湿/干腐蚀模拟实验和评价手段,系统地开展了实验研究。创新点如下:

(1)针对当前 $SO_2$ 污染日益加重的沿海大气新形势,以普通低碳 Q235B 与合金钢 Q345B/SPA-H 的腐蚀损失规律、锈层成分和结构演化等为代表,深入分析了高湿热条件下 $SO_2$ 污染对钢材的腐蚀危害,及 $SO_2$ 与 $Cl^-$ 的协同腐蚀机理,为沿海地区户外钢材的腐蚀与防护提供参考。

(2)为应对 $SO_2$ 与 $Cl^-$ 共存的高湿热沿海新型大气环境,以确保服役桥梁的安全和长寿,考察了贵重金属元素 Ni/Cu/Cr/Mo 和用量较多的合金 Mn 等对桥梁钢腐蚀行为的影响,并详细分析了各元素的作用机理,以为高性能跨海大桥用结构钢的选材和开发提供参考。

(3)为考察该大气条件下开发低成本-高性能桥梁钢的可行性,利用我国低成本资源 Si/Al,或用量很少的(优势)合金 Ca/Re 等替代贵重金属,采用多个评价手段分析了它们对桥梁钢耐蚀性能等的影响和作用机理,并提出了开发低成本跨海桥梁钢的突破口(加 Ca)。

(4)进一步拓展考察范围,对比分析了桥梁钢焊接接头的各部分组织、性能和腐蚀敏感性,并从合金元素角度给予了一定的建议(Re);同时总结了 $SO_2$ 与 $Cl^-$ 的初始腐蚀特征。

(5)系统总结了低合金钢的腐蚀演化规律和锈层成分的异同,指出了影响(腐蚀拟合方程)幂函数常系数和锈层保护性的主要因素,尤其是耐蚀锈层中裂纹的危害,并给出了相应建议,以为评估钢材的服役寿命提供参考。

# 第2章

# 湿热沿海工业大气中钢的腐蚀行为

〰〰〰〰〰〰〰〰〰〰〰〰〰〰〰〰〰〰〰〰〰〰〰〰〰〰〰〰〰〰〰〰〰

沿海工业大气中低碳钢的湿热腐蚀行为,指沿海大气环境中,高湿度、高温度条件[64]下,有工业尾气(主要为 $SO_2$)参与的,低碳钢表面电解液膜湿/干交替腐蚀的电化学反应过程。其特点为,电解液膜的腐蚀性强且润湿时间长,会加速/加剧低碳钢的腐蚀损失而致其失效。对结构钢来说,突然失效或过早失效都将造成严重的后果。

受亚热带季风气候影响,我国南部沿海地区常年高温多雨,大气环境为湿热型。受湿热沿海大气影响,钢材表面长期被电解液膜润湿,腐蚀较为严重[65-67]。近些年来,随着我国工业的飞速发展,化石燃料被大量消耗,导致 $SO_2$ 排放量持续上升。沿海发达地区,$SO_2$ 与 $Cl^-$ 共存的大气形势已成为常态,这自然会导致钢材的腐蚀行为出现新的变化。高湿度、$Cl^-$ 与 $SO_2$ 三者长期共存的大气环境是钢材服役的最严酷环境之一,必须引起高度重视。关于 $Cl^-$ 与 $SO_2$ 共存时的钢材腐蚀行为,前人已经做过一些研究[68-70],但湿热条件下的相关报道还很少见,钢材的腐蚀特点还不清楚。为此,本章通过室内周期浸润腐蚀实验[71,72],模拟了"$SO_2$+$Cl^-$+高湿度/高温"共存的某沿海大气中,低碳钢表面电解液膜的湿/干交替腐蚀过程,并从多角度揭示了新常态沿海工业大气的湿热腐蚀特征和机理。

## 2.1 实验与方法

独特的设计思路,合理的选材、实验方法和表征手段,严谨的阐述与分析,是实验代表性和可重复性的根本保障。实验参考标准主要有：ISO 9223（大气腐蚀性的分类、测定和评估）、ASTM—G1（金属腐蚀试样的制备、清洁和评定标准）、ASTM—G31（金属的实验室浸泡腐蚀标准）、TB/T 2375（铁路用耐候钢周期浸润腐蚀试验方法）、GB/T 16545（金属腐蚀试样上腐蚀产物的清除方法）等。

## 2.1.1 低碳/合金钢

低碳钢为含碳量低于 0.25% 的碳素钢，因强度和硬度较低，又称作软钢（mild steel）。其韧性、塑性和焊接性能均较好，光学显微组织主要为铁素体和少量珠光体，Q235B 是最常用的低碳钢。添加少量合金元素（≤5%）的低碳钢，称为低碳低合金钢，其强度等性能会有明显改善，如 Q345B、SPA-H 等。

### 2.1.1.1 化学成分及参数

本章选用 Q235B、Q345B 和 SPA-H 等 3 种低碳钢为测试对象，它们分别由冀 A 敬业钢厂和辽 E 本溪钢厂提供，其化学成分及性能预测参数分别示于表 2.1 和 2.2。其中，SPA-H 含有少量的 Cu、P、Cr、Ni 等耐蚀元素，为耐候钢。钢材的实际性能参数，除主要受化学成分影响外，还与服役环境、钢材配套设施等密切相关。

表.2.1　实验钢的化学成分（质量百分比，%）

| 实验钢 | C | Si | Mn | P | S | Al | Ni | Cu | Cr | Fe |
|---|---|---|---|---|---|---|---|---|---|---|
| Q235B | 0.18 | 0.15 | 0.30 | 0.030 | 0.016 | <0.04 | — | — | — | 余量 |
| Q345B | 0.18 | 0.25 | 1.40 | 0.028 | 0.015 | <0.04 | — | — | — | 余量 |
| SPA-H | 0.05 | 0.40 | 0.42 | 0.095 | 0.004 | ≤0.02 | 0.06 | 0.28 | 0.58 | 余量 |

表 2.2　实验钢的性能预测参数

| 实验钢 | 板厚/mm | 屈服强度 $R_e$/MPa | 焊接参数 | | | 耐候性指数 | |
|---|---|---|---|---|---|---|---|
| | | | $C_{ev}$/% | $C_{eq}$/% | $P_{cm}$/% | $I$/% | $V$ |
| Q235B | 14.6 | ≥235 | 0.230 | 0.236 | 0.200 | 0.742 | 0.940 |
| Q345B | 8.3 | ≥345 | 0.413 | 0.424 | 0.258 | 0.856 | 0.962 |
| SPA-H | 4.4 | ≥355 | 0.259 | 0.254 | 0.128 | 10.421 | 1.023 |

注：性能参数预测公式如下（元素符号代表其在钢中的质量百分比，%）。

（1）$C_{ev}(\%,IIW) = C+Mn/6+(Cr+Mo+V)/5+(Ni+Cu)/15$；$C_{eq}(\%,JIS) = C+Mn/6+Si/24+Ni/40+Cr/5+Mo/4+V/14$。成分参考范围：C 0~0.20、Si 0~0.55、Mn 0~1.5、Cu 0~0.50、Ni 0~2.5、Cr 0~1.25、Mo 0~0.70、V 0~0.1、B 0~0.006。

（2）$P_{cm}(\%,C\leqslant0.12) = C+Si/30+(Mn+Cu+Cr)/20+Ni/60+Mo/15+V/10+5B$。成分参考范围：C 0.07~0.22、Si 0~0.60、Mn 0.40~1.40、Cu 0~0.50、Ni 0~1.20、Cr 0~1.20、Mo 0~0.70、V 0~0.12、Nb 0~0.04、Ti 0~0.05、B 0~0.005。

（3）$I(\%,ASTM) = 26.01Cu+3.88Ni+1.20Cr+1.49Si+17.28P-7.29\%CuNi-9.10\%NiP-33.39\%CuCu$。成分参考 Larrabee-Coburn 实验：Si 0.10~0.64、Cu 0.012~0.510、Ni 0.05~1.10、Cr 0.10~1.30、P 0.01~0.12。

（4）$V(日本) = 1/[(1.0-0.16C)\times(1.05-0.05Si)\times(1.04-0.016Mn)\times(1.0-0.5P)\times(1.0+1.9S)\times(1.0-0.10Cu)\times(1.0-0.12Ni)\times(1.0-0.3Mo)\times(1.0-1.7Ti)]$。

### 2.1.1.2  光学显微组织

从钢板上切取 10 mm×10 mm×5 mm 的试样,使其大面与钢板大面平行。以大面为观察面,用镶样机将试样热镶于镶样粉内,之后用小刀在镶样粉上标号。将观察面先用耐水砂纸逐级垂直打磨至 2000#,再用 DNW2.5 水溶金刚石研磨膏(郑州三磨所)抛光,之后随即用超声波振动+蒸馏水除杂除渍、无水酒精脱水、吹风机吹干,4%硝酸酒精(体积比 4∶96)腐蚀 3~5 s,再用无水酒精冲洗、吹风机吹干,干燥密封备用于金相实验。

将试样观察面用擦镜纸盖好(防止弄脏、划伤),底部依次与橡皮泥、载玻片黏结,并用压样机轻轻压平,然后放于光学显微镜(德国 Carl Zeiss)的载物台上,从低倍到高倍依次调整视场并拍照。当观察面不平整而导致高倍视场局部模糊时,改用手动叠加拍摄模式。最后将所拍摄照片用系统自带软件标注标尺及单位。图 2.1 所示为三种测试低碳钢的光学显微照片,它们的金相组织均由铁素体和珠光体组成;随板厚减薄,晶粒变细小。

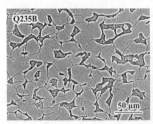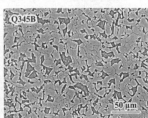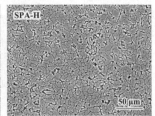

图 2.1  实验钢的光学显微组织

## 2.1.2 模拟腐蚀实验

大气腐蚀实验方法,按实验位置可分为:室内腐蚀、户外腐蚀;按人为干预因素可分为:自然腐蚀、模拟腐蚀;按表面液膜厚度可分为:干腐蚀、潮腐蚀和湿腐蚀;按腐蚀阶段可分为:初始腐蚀、早期腐蚀和长期腐蚀。

### 2.1.2.1 试样制备

将钢板切割成 30 mm×20 mm×5 mm、20 mm×10 mm×5 mm、10 mm×10 mm×5 mm 三种规格的试样,分别用于腐蚀动力学、锈层结构与物相分析、电化学测试等。先将试样打磨至 800#,再用超声波振动+丙酮除油脂、蒸馏水除杂除渍、无水酒精脱水、吹风机吹干,并放于干燥皿中干燥 24 h,之后测量尺寸和质量(精度分别为 0.02 mm 和 0.1 mg)。腐蚀前,先用金箔溅射试样 20 mm×10 mm×5 mm 的大面,用于表征腐蚀粒子随时间的迁移方向;将电化学试样 10 mm×10 mm×5 mm 的一个大面与铜导线焊接牢固,并用环氧树脂(与固化剂3:2 混匀)密封凝固 24 h,之后再次打磨另一大面至 800#,随后与其他试样同步腐蚀。

### 2.1.2.2 湿/干循环腐蚀

根据 TB/T 2375 标准,在周期浸润腐蚀试验箱内模拟某沿海工业大气的湿热腐蚀环境。腐蚀介质选用 0.1 mol/L NaCl+0.01 mol/L NaHSO$_3$ 溶液。设定一个实验循环周期为 80 min,包括浸润、潮湿和干燥三个步骤。其中:干燥(强制)时间为 16 min,温度 45 ℃,相对湿度 RH=38%;浸润时间为 18 min,温度42 ℃;潮湿(自然干燥)阶段的 RH>80%。试样用尼龙线垂直悬挂,均匀分布于试验箱内并使中心处于同一高度。分别于腐蚀后第 12、48、96、144、240、336和 480 h 末取样一次,每种钢每次取同类且有效平行试样至少 3 个。

## 2.1.3 腐蚀评定方法

腐蚀通常是不均匀的,但为评定方便,初次评定多视为均匀腐蚀。常用的均匀腐蚀评定方法有:深度法、质量法(增重/失重)和电流密度法。各方法之间有固定的换算系数。此为基础研究的第一阶段,故假定钢板为均匀腐蚀,并选用"深度法+电化学"的评定方法。

### 2.1.3.1 腐蚀动力学

参照 GB/T 16545 标准清除腐蚀产物锈。①先机械除锈:用刀片刮削试样各个表面的锈,直至钢基体全部暴露,只残留微量难除的锈;同时独立收集并标记每个钢片的全部锈。②再化学除锈:用超声波振动+特制除锈液(质量分数38%的浓盐酸 500 mL+蒸馏水 500 mL+六次甲基四胺 20 g)清洗试样;视表面残留薄锈层迅速溶解时,立即放入未腐蚀的参比试样共同清洗,以校正钢基体的溶解损失。通常腐蚀时间越长,锈与钢基体的结合越好,除锈时间应适当增加。③干燥/称量:待残锈基本清除完后取出试样,立即除杂除渍、脱水、吹干,干燥24 小时后称重,精度同前。④校正计算:先由式(2.1)校正化学溶解铁损,再由式(2.2)和(2.3)分别计算腐蚀深度和平均/阶段腐蚀速率。⑤绘制曲线:计算每种钢同期结果的平均值,并绘制腐蚀动力学曲线。

化学除锈中钢基体的溶解损失:

$$\Delta m_{损} = \frac{V_0}{V_参} \cdot \Delta m_参 \tag{2.1}$$

钢材的腐蚀深度损失:

$$d = \frac{m_0 - m_1 + \Delta m_损}{\rho S_0} \tag{2.2}$$

钢材的平均/阶段腐蚀速率:

$$v_均 = C \cdot \frac{d}{t}, v_段 = \frac{d_n - d_{n-1}}{t_n - t_{n-1}} \tag{2.3}$$

式中:$m_0$、$m_1$ 为试样腐蚀前、除锈后的质量,g;$S_0$ 为试样的初始腐蚀面积,$cm^2$;$V_0$、$V_参$ 为腐蚀试样和参比试样的初始腐蚀体积,$cm^3$;$\Delta m_损$、$\Delta m_损$、$\Delta m_参$ 为腐蚀试样和参比试样的基体溶解损失,g;$d$ 为腐蚀深度,cm;$\rho$ 为密度,钢材取7.85 $g/cm^3$;$t$ 为腐蚀时间,h;$v_均$、$v_段$ 为平均腐蚀速率和阶段腐蚀速率,cm/h;C 为常系数,$v_均$ 为年腐蚀速率(mm/a)时,C 为 $8.76 \times 10^4$。

### 2.1.3.2 腐蚀形貌与结构

腐蚀形貌包括锈层形貌和颜色、钢基体形貌;又分为宏观形貌和微观形貌。

锈层结构主要指截面结构,包括:微观结构、锈晶体分布和元素浓度梯度等。记录和分析手段包括:高清数码相机、光学显微镜 OM、扫描电子显微镜 SEM、能谱仪 EDS 和拉曼光谱仪 Raman 等。

（1）宏观分析。腐蚀试样取回后,先用高清数码相机(尼康 Coolpix P310)记录宏观腐蚀形貌。通过对比各期锈层颜色,初步推测该实验环境中低碳钢的锈物相成分和腐蚀演化规律。常见铁锈矿物的特性及转化关系分别示于表 2.3[73,74] 和图 2.2[75]。

表2.3 铁锈矿物的特性

| 铁锈矿物 | 颜色 | 晶体类型 | 所含离子 | 磁性 | 导电性 | 自由能 |
|---|---|---|---|---|---|---|
| FeO | 黑 | 立方晶 | — | 顺磁性 | 半导体 | −251 441 |
| 绿锈 I | 绿 | 六方晶 | 含 $Cl^-$ | — | — | −302 343 |
| 绿锈 II | 绿 | 六方晶 | 含 $SO_4^{2-}$ | — | — | −824 892 |
| 非晶态 | 褐 | 无定型 | | | | |
| $Fe(OH)_2$ | 白 | 六方晶 | — | 顺磁性 | 绝缘体 | −486 975 |
| $Fe(OH)_3$ | 红棕 | — | | 顺磁性 | 绝缘体 | −696 486 |
| $\gamma\text{-}Fe_2O_3$ | 褐 | 六方晶 | | 铁磁性 | 半导体 | −723 650 |
| $\alpha\text{-}Fe_2O_3$ | 黑褐 | 三方晶 | | 顺磁性 | 绝缘体 | −742 740 |
| $Fe_3O_4$ | 黑 | 立方晶 | 反尖晶石 | 铁磁性 | 导体 | −1 015 227 |
| $\beta\text{-}FeOOH$ | 浅褐 | 正方晶 | 螺线管状 | 顺磁性 | 绝缘体 | −677 970 |
| $\delta\text{-}FeOOH$ | 褐 | 六方晶 | | 铁磁性 | 绝缘体 | −691 930 |
| $\gamma\text{-}FeOOH$ | 黄 | 斜方晶 | 板条状 | 顺磁性 | 绝缘体 | −709 520 |
| $\alpha\text{-}FeOOH$ | 黄 | 斜方晶 | 针状 | 铁磁性 | 绝缘体 | −775 760 |

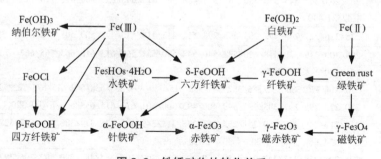

图2.2 铁锈矿物的转化关系

（2）低倍分析。将 20 mm×10 mm×5 mm 的腐蚀试样,先用干燥箱(新苗 DZF-6050)常温真空干燥 24 小时,再用铜粉和镶样粉热镶,只露出 10 mm×

5 mm 的工作面,并在镶样粉上做标号。将工作面用耐水砂纸小心逐级垂直打磨至 2000#,再用 DNW2.5 水溶金刚石研磨膏抛光,全程用无水酒精清洗,并用吹风机吹干,之后干燥密封备用。将试样先用光学显微镜进行观察,从低倍到高倍依次调整视场,拍照记录锈层截面的低倍显微结构,并标注尺寸。高倍视场出现局部模糊时,改用手动叠加拍摄模式。

(3)高倍分析。将真空干燥后的 20 mm×10 mm×5 mm 的腐蚀试样,先抽真空并用金箔溅射表面,再用场发射扫描电镜(FESEM,德国 Carl Zeiss-Ultra Plus)观察并拍摄锈层微观形貌(未镶样)和截面结构(已镶备用样,以钢/锈界面、金线为基准点),并用配带的能量色散谱仪(EDS)分析铁锈主要组成元素的点/线/面分布,标尺等信息由仪器自动标注。之后用拉曼光谱仪(Raman,美国 LabRam HR800;He-Ne 激光器、功率 17 mW、波长 632.8 nm、波数 ≥ 100 cm$^{-1}$、100X 镜头)分析锈层截面的矿物差异;以钢/锈界面、金线为基准,逐步向外锈层移动视场,同时对致密锈层进行点定位、拍照和分析,并自动记录锈层晶体峰信息,拉曼特征峰值参照表 2.4。

### 表 2.4　铁锈矿物的拉曼特征峰值

| 铁锈矿物 | 拉曼特征峰值/cm$^{-1}$ |
| --- | --- |
| Fe(OH)$_2$ | 460/**550** |
| Fe(OH)$_3$ | 395/692/**696**/1 335 |
| γ-Fe$_2$O$_3$ | 263/265/300/345/350/380/381/395/486/505/515/**645**/650/**660**/**670**/710/715/718/740/1 425/1 440 |
| α-Fe$_2$O$_3$ | 225/226/227/245/**292**/293/295/298/411/413/**414**/**415**/497/500/501/612/615/1 320 |
| Fe$_3$O$_4$ | 298/300/319/320/418/420/532/540/548/550/551/560/613/616/**663**/665/**667**/670/675/**676**/680/1 322/1 325 |
| β-FeOOH | 310/314/376/**380**/385/**386**/387/388/389/415/480/497/535/538/549/615/675/722/723/725 |
| δ-FeOOH | 220/222/295/297/**385**/**392**/399/400/495/500/501/612/615/**655**/666/670/1 320 |
| γ-FeOOH | 214/219/246/248/250/251/**252**/253/**255**/311/349/375/378/379/380/526/527/528/648/650/654/660/1 054/1 303/1 307/1 310 |
| α-FeOOH | 205/208/213/245/247/248/250/298/299/300/303/306/384/386/**390**/392/396/**397**/414/418/420/470/474/479/480/481/485/549/550/554/560/566/675/680/680/685/1 002/1 003/1 011/1 120 |

注:加黑数字为典型特征值。

### 2.1.3.3 锈成分与价态

(1)定性分析。将刀片刮下的每种钢同期全部铁锈,放入玛瑙研钵中,充分混匀和研磨 30 min,之后随机取样待测。锈粉用 X 射线衍射仪(XRD,日本理学 D/Max 2400;Cu 靶、电压 50 kV、电流 150 mA,扫描角度 10°~70°、步长 0.02°、速率 2°/min)分析,全程由中科院专业老师操作。所得 XRD 图谱用 MDI Jade 软件分析,依次经过扣背底、一次平滑、寻峰、记录峰值报告等步骤,然后用 Origin 软件作图并标注各晶体峰。

(2)半定量分析[76-78]。参照 GB/T 5225 标准,将研磨后的待测锈粉与 $TiO_2$(做内标相,纯度≥98.0%,国药集团)按质量比 93∶7 混合,继续充分研磨 15 min,之后随机称取 0.50 g 进行 XRD 分析;其他操作与定性分析相同。然后对照表 2.5 的标准 PDF 卡片与所得峰值报告取值,按式(2.4)用 Excel 软件计算各锈成分的相对百分含量。

表 2.5 铁锈矿物的标准 XRD 卡片

| 晶体相 | 英文名 | PDF 卡号 | $K/(RIR)$ | $\rho/(Density-c)$ | $I_{max}$ 峰位 |
|---|---|---|---|---|---|
| $TiO_2$ | Anatase | 21-1 272 | 3.30 | 3.893 | 25.281° |
| $\beta$-FeOOH | Akaganeite | 42-1 315 | 1.32 | 3.680 | 11.840° |
| $\alpha$-FeOOH | Goethite | 81-0 464 | 2.67 | 4.256 | 21.240° |
| $\gamma$-FeOOH | Lepidocrocite | 44-1 415 | 1.20 | 3.964 | 27.047° |
| $Fe_3O_4$ | Magnetite | 19-0 629 | 4.90 | 5.176 | 35.422° |

$$x_i = \left( \frac{\rho_i}{\rho_s} \middle/ \frac{K_i}{K_S} \right) \cdot \left( \frac{I_i}{I_S} \middle/ \frac{w}{s} \right) \tag{2.4}$$

式中:$x_i$、$\rho_i$、$K_i$、$I_i$ 为锈晶体中任意第 $i$ 相的质量分数、密度、常系数和衍射强度;$\rho_s$、$K_s$、$I_s$ 为内标相 $TiO_2$ 的密度、常系数和衍射强度;$w/s$ 为锈粉与 $TiO_2$ 的质量比,文中为 93∶7。$K$ 为只与 X 射线截面积 $A$ 和单位衍射强度 $I_0$ 有关的常数,$K$、$\rho$ 分别取标准 PDF 卡片中的 RIR 值和 Density-c 值,$I$ 取衍射报告中对应标准 PDF 卡片最强峰的高度。

(3)图谱修正。设内标项 $TiO_2$ 在实验期内是稳定的,并以其实验中期的

XRD 特征峰的高度为基准,求出其他时期峰高与中期峰高的比值;然后以各比值为约数,整体缩放该期锈粉试样的 XRD 图谱,即 XRD 图谱修正。此法可直观呈现锈成分随时间的演化趋势,同时消除实验过程、时间效应等引起的误差,也有助于分析锈晶体间的转变关系及其作用。

(4)元素价态。随机取少量待测锈粉,用 X 射线光电子能谱仪(XPS,美国 EscaLab 250Xi;Al 靶、电压 15 kV、电流 10 mA,光斑尺寸 500 μm,通过能量 50.0 eV、步长 0.1 eV)测试钢中合金元素锈蚀后的赋存形式和价态,实验全程由中科院专业老师操作。所得 XPS 图谱用 XPS Peak 软件拟合,依次经过扣背底、寻峰、分峰等步骤,然后用 Origin 软件作图并标注各晶体峰。

### 2.1.3.4 腐蚀电化学

用电化学工作站(美国 Parstat 2273)测试低碳钢的极化曲线和交流阻抗。实验采用三电极开放体系,工作电极为低碳钢($1 cm^2$),辅助电极为 Pt 片($6 cm^2$),参比电极为饱和甘汞电极(SCE)。测试介质与周期浸润腐蚀实验的介质相同,为 0.1 mol/L NaCl+0.01 mol/L $NaHSO_3$ 溶液,测试温度为室温。

测试前先将试样在溶液中浸泡 1 h,以使测试体系接近稳态[79]。极化曲线测试采用动态恒电位法,扫描电位为自腐蚀电位±0.3 V,扫描速率为 0.5 mV/s。交流阻抗的扰动电压为 10 mV,测试频率为 $10^5 \sim 10^{-2}$ Hz;阻抗结果采用 ZSimpWin 软件拟合,未腐蚀(a)、初始腐蚀(b)和腐蚀后(c)的等效电路示于图 2.3。其中:$R_s$、$R_{ct}$、$R_f$、$R_r$、$Z_w$ 分别为溶液电阻、电荷转移电阻、初始膜电阻、锈层电阻、韦伯阻抗/扩散电阻,$Q_{dl}$、$Q_f$、$Q_r$ 分别为钢基体与接触体相溶液之间的双电层电容、初始膜电容、锈层电容。

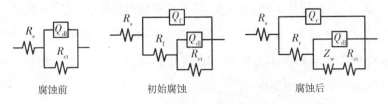

腐蚀前　　　　　　　初始腐蚀　　　　　　　腐蚀后

**图 2.3　交流阻抗的等效电路图**

## 2.2 高湿热沿海大气 $SO_2$ 污染前/后 Q235B 钢的腐蚀行为

### 2.2.1 腐蚀动力学

图 2.4 为模拟 $SO_2$ 污染前(C)、后(C&S)的高湿热沿海大气中,Q235B 钢的腐蚀动力学曲线。随腐蚀时间延长,Q235B 钢在两种条件下的腐蚀深度均增加,但腐蚀速率在早期达到极大值后一直降低,说明早期大量腐蚀产物吸附而形成完整锈层,迟滞了环境腐蚀介质的侵蚀和渗透,并持续缓解钢基体的快速腐蚀。同期 C&S 条件下 Q235B 钢的腐蚀深度明显超过 C,而且差距继续增大,说明 $SO_2$ 污染加重了 Q235B 钢的腐蚀损失。

对两种条件下的腐蚀深度进行非线性拟合,发现它们均遵循式(2.5)幂函数分布规律[80],拟合结果见图 2.4。其中:$d$ 为腐蚀深度,$\mu m$;$t$ 为腐蚀时间,$h$;a、b 是与环境(和材料)相关的常数。当 $t=1$ 时,$d=a>0$,即 a 为钢材在服役环境中的初始单位腐蚀深度;指数 b 在区间(0,1)时,随腐蚀时间延长,腐蚀深度的增速减小,即锈层保护性提高,腐蚀速率降低;$t$ 相同时,$d$ 由 a、b 共同决定。

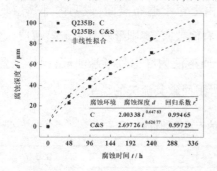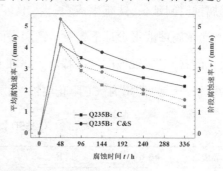

| 腐蚀环境 | 腐蚀深度 $d$ | 回归系数 $r^2$ |
|---|---|---|
| C | $2.003\,38\,t^{0.647\,83}$ | 0.994 65 |
| C&S | $2.697\,26\,t^{0.626\,77}$ | 0.997 29 |

图 2.4 Q235B 钢的腐蚀动力学曲线

$$d = a \cdot t^b \tag{2.5}$$

图 2.4 中拟合结果显示:$a_{C\&S} > a_C$、$b_{C\&S} < b_C$,即环境介质 $SO_2$ 污染(或形成/添加 $HSO_3^-$),导致腐蚀参数 a、b 的值发生改变,加速了钢的初始单位腐蚀,但降低了后续腐蚀增幅。

式(2.6)为同期两种腐蚀深度拟合方程之比。当 $d_{C\&S}/d_C>1$ 时,$t<1.36\times 10^7$ 年。照此实验条件腐蚀 $1.36\times10^7$ 年,C&S 的腐蚀深度均会高于 C。可见,$SO_2$ 污染会长期加重沿海大气中 Q235B 钢的湿热腐蚀损失。

$$d_{C\&S}/d_C=\frac{2.697\,26t^{0.626\,77}}{2.003\,38t^{0.647\,83}}=1.346\,35t^{-0.021\,06} \qquad (2.6)$$

另外,平均腐蚀速率与阶段腐蚀速率相比,前者的稳定性较好,后者的波动较大,但同期 C&S 的腐蚀速率均大于 C。说明各时期钢的腐蚀是不均匀的,考察时间越短,不均匀特征越明显,但 $SO_2$ 污染长期加速钢材腐蚀的规律不变。

## 2.2.2 宏观腐蚀形貌

### 2.2.2.1 锈层形貌

表 2.6 为 Q235B 钢在 C 和 C&S 两种条件下的宏观腐蚀形貌。C 条件下 Q235B 钢的外锈层颜色主要为红棕色,其次为灰/黑褐色,初期还有少量橘黄色,说明外锈层主要由高价铁锈矿物(如:黄/棕色 $\gamma$-FeOOH、$\alpha$-FeOOH)组成。随腐蚀时间延长,锈苞生成、长大、增多,由上至下遍布表面,说明内部锈层均匀,滞留腐蚀液很少且不聚集。锈层表面看似致密,实则酥脆且为疏松薄层,是典型的含 $Cl^-$ 腐蚀液的冲刷特征。腐蚀介质溶液为红棕色半悬浊液,固体主要为铁锈,这是"催化剂"$Cl^-$ 阻止腐蚀产物吸附而致其流失的结果。

表 2.6  Q235B 钢的宏观腐蚀形貌

续表2.6

| 环境 | 48 h | 96 h | 144 h | 240 h | 336 h |
| --- | --- | --- | --- | --- | --- |

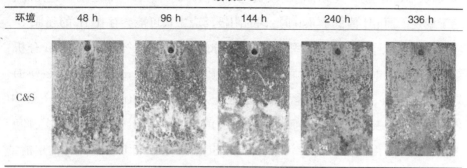

C&S 条件下 Q235B 钢的外锈层,颜色演变为:灰黑/橘红→黑褐/橙黄→红棕/灰黑,说明外锈层的物相成分在不断转变。黄/棕色锈,由 48 h 的少量分布和底端为主,到 96、144 h 的下部为主和向中部扩展,再到 240、336 h 的遍布整面,可见高价铁锈矿物的生成和转变过程是波动的;而低价、不稳定铁矿物(如:黑/褐色 $Fe_3O_4$、$\delta$-FeOOH)的变化趋势则相反,这应该与 $SO_2$ 氧化导致液膜内氧气供应波动有直接关系。腐蚀最严重区域,由初始的下边缘(溶液重力所致)向上蔓延,并在 144 h 锈层下部形成了明显的小锈苞;锈苞虽不断向周围扩展,但始终处于中下部。说明腐蚀过程与初期表面质量和后续腐蚀液的滞留时间密切相关,而锈苞则是完整锈层形成且增厚到一定程度,内部滞留腐蚀液(含 S 酸)继续侵蚀锈层所致[23]。实验期内,C&S 腐蚀介质溶液始终为清澈的浅黄色,仅有几片薄锈脱落,这应该是含 S 酸溶解微量锈矿物和抑制锈层脱落共同作用的结果。

对比 C 和 C&S 的宏观腐蚀形貌可知,$SO_2$ 污染后(初期生成 $HSO_3^-$)的外锈层,高价铁锈矿物的颜色较浅、面积较小,锈苞体积较大且主要分布于中下部,腐蚀溶液清澈、颜色浅黄。说明 $SO_2$(或 $HSO_3^-$)与溶解 $O_2$ 的结合,一定程度上抑制了外锈层的氧化过程,同时也抑制了 $Cl^-$ 对破坏、减少了锈层的脱落,但其"酸化"侵蚀却导致锈层内部出现大锈苞,破坏了锈层结构、加速了钢基体的腐蚀。

### 2.2.2.2 溶液溶质

图 2.5 所示为 C 和 C&S 连续腐蚀 168 h 的溶液/溶质分析结果。随腐蚀时

间延长，C&S 溶液一直为清澈的淡黄色，pH 值升高并在 144 h 之前超过 4.0 后趋于稳定。而 pH 值低于 4.0 时，钢的阴极反应中很可能会存在 $H^+$ 的还原[33]。将溶液自然晾干，收集全部固相溶质，充分研磨、随机取样并进行 XRD 分析。结果发现，两种溶液腐蚀后的固相溶质均主要由 $\alpha$-FeOOH、$\beta$-FeOOH、$\gamma$-FeOOH、$\gamma$-Fe$_2$O$_3$ 和 NaCl 等晶体组成，C&S 中还有 Na$_2$SO$_4$；与 C 相比，C&S 中各晶体峰又高又细、结晶度更好，而 $\alpha$-FeOOH 和 $\gamma$-FeOOH 峰的数量较多，即所占比例较大。由此推断，SO$_2$ 污染（添加 HSO$_3^-$）一定程度上会提高外锈层的结晶度和数量，尤其是对 $\alpha$-FeOOH 和 $\gamma$-FeOOH。

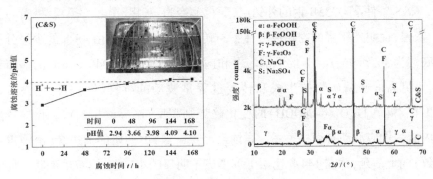

图 2.5　C 和 C&S 腐蚀 168 h 的溶液/溶质分析

## 2.2.3　锈层微观结构

表 2.7 为 Q235B 钢在 C 和 C&S 两种条件下生成的锈层截面微观形貌，左侧白色部分为钢基体，右侧黑白相间部分为镶样粉。不难发现，C 锈层结构为致密内锈层+疏松外锈层，与 Evans U. R. 总结的锈层结构模型相吻合[17]，而 C&S 锈层结构则相反，为疏松内锈层+致密外锈层；随腐蚀时间延长，C 内锈层致密性提高，且与钢基体结合更加牢固，对钢基体的保护性增强[42]；而 C&S 内锈层的疏松区域则扩大到整个锈层，还出现了大量裂纹和大锈巢，对钢基体的保护性明显变差。两种锈层结构的巨大差异仅源于 0.01 mol/L HSO$_3^-$。

表 2.7　Q235B 钢的锈层截面微观结构

| 环境 | 48 h | 144 h | 336 h |
|---|---|---|---|

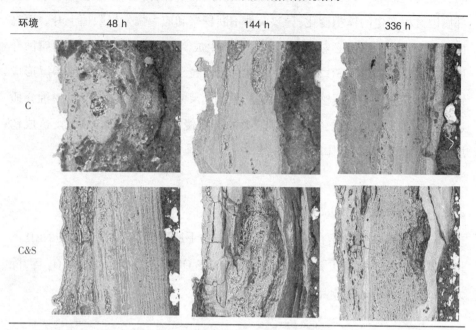

　　C 内锈层 48 h 时已经变致密并抑制 Cl⁻ 入侵,疏松外锈层则表现出 Cl⁻ 破坏腐蚀产物吸附致其流失的典型特征。随腐蚀进行,致密内锈层会转变为外锈层,并在大量 Cl⁻ 侵蚀过程中变疏松并脱落。Cl⁻ 在初期会抑制腐蚀产物吸附钢基体,锈层形成后还会促使外锈层脱落,如此阻止保护性锈层形成。

　　C&S 锈层在 48 h 前(外锈层通常形成较早)是比较致密的,之后逐渐变得疏松多孔,且出现裂纹和大锈巢,对钢基体的保护能力自然下降。钢/锈界面新生锈层是锈层性能最薄弱的区域,其疏松可能由多种原因导致,如:尺寸较小的 Cl⁻ 穿透锈侵蚀钢基体、$HSO_3^-$ 与 Cl⁻ 协同侵蚀的速度超过界面腐蚀产物转变的速度。C&S 外锈层不易脱落,其致密性明显高于同期 C 外锈层,说明 $HSO_3^-$ 在一定程度上能抑制 Cl⁻ 对锈层的破坏作用,而且从腐蚀初期就已经开始,对钢(基体)的早期腐蚀有一定改善作用。而致密外锈层则可能助力了裂纹的产生,又为腐蚀液滞留和侵蚀提供了条件,144 h 时直观展现。

　　裂纹是锈层内部长期积聚的应力突然爆发的直观表现,通常出现在锈层薄弱且酥脆的区域。致密外锈层在抑制环境介质入侵的同时,必然会强烈束缚内部腐蚀过程产生的体积变化,导致应力不断积聚和应力爆发极限值上升。而高极限值应力突然爆发必然会引发更大裂纹生成。新生大裂纹自然成为腐蚀介质入侵的快速通道,$HSO_3^-$ 等大尺寸的腐蚀性粒子得以进入,并侵蚀锈层形成锈巢。腐蚀介质不断侵蚀裂纹和锈巢,导致其尺寸增大、危害性上升;腐蚀介质进一步向锈层内部渗透,并将内部较大的裂纹侵蚀成锈巢(如 336 h),造成锈层结构不断破坏、钢基体腐蚀加剧[23]。

### 2.2.4　铁锈物相成分

图 2.6 为 Q235B 钢在 C 和 C&S 两种条件下所得锈层/腐蚀产物的 XRD 图谱。铁锈中晶体相均主要包括 $\alpha$-FeOOH、$\beta$-FeOOH、$\gamma$-FeOOH 和 $Fe_3O_4$ 等,除此以外的绝大部分是非晶物质[80]。

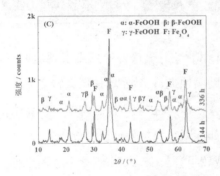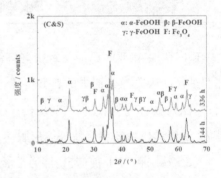

图 2.6　Q235B 钢腐蚀产物的 XRD 图谱

C 锈晶体中,$Fe_3O_4$ 峰值很高,$\beta$-FeOOH 峰明显。随腐蚀时间延长,$\beta$-FeOOH 以外的其他晶体峰均明显降低。XRD 实验过程相同时,晶体特征峰的峰值越高预示其结晶度越好;若峰的半高宽相等,则峰值越高说明该晶体的结晶数量越多[81]。峰值下降则结晶度和数量下降,其相变体积变化对锈层结构的影响也减小,有利于改善内锈层的致密性。$\beta$-FeOOH 作为 $Cl^-$ 的主要载体,只在含 $Cl^-$ 较高的环境中才会出现[82,26],其稳定性很差,会导致锈层疏松[83],是沿海大气中所生锈层保护性差的根本原因。

C&S 中只有 $Fe_3O_4$ 晶体峰小幅降低，其他变化不大。在相变过程中，部分 $\beta$-FeOOH 会转化为 $\gamma$-FeOOH，再还原成 $Fe_3O_4$[84,85]。$Fe_3O_4$ 峰值下降可能是 $HSO_3^-$ 抑制 $\beta$-FeOOH 进而抑制 $\gamma$-FeOOH 还原所致。与同期 C 相比，C&S 锈晶体中的 $\alpha$-FeOOH 峰值明显较高，而 $Fe_3O_4$ 峰较低、$\beta$-FeOOH 峰很弱，其差异随时间而增大。说明 $HSO_3^-$ 会抑制 $\beta$-FeOOH 并促进 $\alpha$-FeOOH 生成，即 $SO_2$ 污染会抑制 $Cl^-$ 对锈层的破坏作用。$\alpha$-FeOOH 稳定性较高，有利于改善锈层的稳定性。

## 2.2.5 $SO_2$ 腐蚀机理

湿热沿海大气中，频繁的海面热交换向大气中源源不断地输送着 Cl 盐和水汽，它们在钢表面结合后电离出 $Cl^-$。$Cl^-$ 不但催化钢的阳极溶解，还阻止腐蚀产物的吸附过程、生成稳定性很差的 $\beta$-FeOOH 锈晶体相，导致锈层疏松且保护性很差，钢材的腐蚀加剧。

持续排放的工业尾气使沿海大气腐蚀形势变得更加复杂。主要腐蚀介质 $SO_2$，溶于钢表面液膜生成酸，而加速钢的腐蚀。当腐蚀液膜的 pH 值降到 4.0 以下时，可能会有氢气产生[33,83]。液膜中溶解氧被快速消耗且外界氧气供应滞后时，可能会导致外锈层出现较多的黑褐色低价铁锈矿物。

$$SO_2+H_2O \longrightarrow H^++HSO_3^-, 2HSO_3^-+O_2 \longrightarrow 2H^++2SO_4^{2-}$$

$$2H^++Fe \longrightarrow Fe^{2+}+H_2\uparrow, 4H^++2Fe+O_2 \longrightarrow 2Fe^{2+}+2H_2O \qquad (2.7)$$

$$3H^++FeOOH \longrightarrow Fe^{3+}+2H_2O$$

锈层形成过程中，$HSO_3^-$ 会抑制疏松的 $\beta$-FeOOH（$Cl^-$ 载体）并促进稳定性高的 $\alpha$-FeOOH 生成，即 $SO_2$ 污染在一定程度上可以抑制 $Cl^-$ 对锈层的破坏作用，并改善锈层的稳定性。

直径较小的 $Cl^-$ 会通过扩散和毛细作用入侵锈层，导致钢/锈界面新生锈层疏松。锈层内部腐蚀反应带来的体积变化使得应力不断积聚，并在锈层干燥过程中突然爆发而形成裂纹。尺寸较大的 $HSO_3^-$ 通过裂纹得以进入锈层，并在疏松区或裂纹中滞留和侵蚀锈层;随后导致锈巢形成、增大及裂纹扩增,更多腐蚀介质得以进入,加剧钢基体腐蚀。$SO_2$、$Cl^-$ 与裂纹的协同作用,导致湿热条件下形成了"外层致密/裂纹+中部锈巢+钢/锈界面疏松"的锈层结构。

$HSO_3^-$ 不断腐蚀消耗的另一个重要表现是滞留腐蚀液的 pH 值升高,其腐蚀产物 $FeSO_4$ 还可能产生微量的二次酸[23,42]。

$$4FeSO_4 + O_2 + 6H_2O \longrightarrow 4FeOOH + 4H_2SO_4 \qquad (2.8)$$

### 2.2.6 小 结

(1)$SO_2$ 污染前后的湿热沿海大气中,Q235B 钢的腐蚀动力学曲线均遵循幂函数 $d = at^b$ 分布规律,铁锈晶体主要由 $\alpha$-FeOOH、$\beta$-FeOOH、$\gamma$-FeOOH、$Fe_3O_4$ 等组成,常系数 a 和 b 的值、锈晶体的结晶度和数量会因 $SO_2$ 污染(环境)而改变。

(2)$SO_2$ 污染会长期加重 Q235B 钢的腐蚀损失,并与 $Cl^-$ 具有协同作用。$Cl^-$ 抑制腐蚀产物吸附并促使其脱落,导致外锈层疏松;$SO_2$ 虽然能抑制 $\beta$-FeOOH 并促进稳定性高的 $\alpha$-FeOOH 生成,但其酸化过程会强烈腐蚀钢和锈层,导致锈层内形成锈巢,结构严重破坏,钢基体腐蚀加剧。

## 2.3 高湿热沿海大气 $SO_2$ 污染前/后 SPA-H 钢的腐蚀行为

### 2.3.1 腐蚀动力学

图 2.7 为模拟湿热沿海大气遭 $SO_2$ 污染前(C)、后(C&S),SPA-H 钢的腐蚀动力学曲线。两种条件下,SPA-H 钢的腐蚀深度均随腐蚀时间延长而加深,其演化趋势与式(2.5)幂函数的拟合均较好,方差 $r^2 > 0.99$;同期 C&S 条件下的腐蚀深度损失明显超过 C,而且其差距在不断增大,说明 $SO_2$ 污染会加重 SPA-H 钢的腐蚀损失。

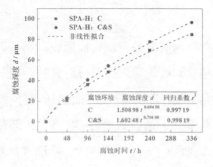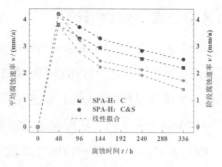

图 2.7　SPA-H 钢的腐蚀动力学曲线

腐蚀速率在早期到达极大值后逐渐下降,说明钢材经历早期全面快速腐蚀后形成了完整锈层,锈层抑制了环境腐蚀介质对钢基体的快速侵蚀。对两种条件下的腐蚀速率进行线性拟合,拟合公式与结果分别示于式(2.9)和表 2.8。

$$v = \mathrm{k} \cdot t + v_0 \tag{2.9}$$

表 2.8　SPA-H 钢的腐蚀速率线性拟合结果

| 腐蚀时间 $t/\mathrm{h}$ | 平均腐蚀速率 $v_{均}/(\mathrm{mm/a})$ | 阶段腐蚀速率 $v_{段}/(\mathrm{mm/a})$ | |
|---|---|---|---|
| | | C | C&S |
| $0\sim48$ | C:$v=0.079\,21\,t$,C&S:$v=0.087\,60\,t$(含增速阶段,待细化) | | |
| $48\sim144$ | C:$-0.009\,00\,t+4.207\,89$ | $-0.021\,25\,t+4.822\,23$ | $-0.020\,39\,t+5.183\,33$ |
| | C&S:$-0.009\,46\,t+4.646\,68$ | $-0.011\,47\,t+3.883\,85$ | $-0.015\,96\,t+4.757\,66$ |
| $144\sim336$ | C:$-0.003\,79\,t+3.470\,05$ | $-0.003\,17\,t+2.687\,81$ | $-0.003\,39\,t+2.948\,02$ |
| | C&S:$-0.004\,06\,t+3.856\,72$ | $-0.005\,43\,t+3.230\,46$ | $-0.004\,22\,t+3.147\,29$ |

48 h 前的腐蚀阶段含加速与减速两段(待细化考察),C&S 的直线斜率大于 C,即 C&S 的侵蚀性大于 C。48 h 后的腐蚀阶段为减速阶段,平均腐蚀速率随时间延长而不断递减,直线斜率的绝对值总体趋于减小,说明锈层保护性在增强;阶段腐蚀速率虽然也趋于递减,但存在较大波动,这些波动反映了锈层自修复与缺陷之间的相互作用;虽然同期 C&S 的腐蚀速率大于 C,但直线斜率差别不太大,说明 SPA-H 在 C&S 条件下所形成锈层的稳定性较好,或其锈层的耐弱酸腐蚀性能较好,这得益于耐蚀元素 Cu、P、Cr、Ni 的作用。

### 2.3.2　宏观腐蚀形貌

表2.9为遭受C&S腐蚀的SPA-H钢在除锈前后的宏观腐蚀形貌。锈层表面的颜色演变基本同Q235B:灰黑/橘红→黑褐/橙黄→灰黑/红棕;只是后期灰黑色占大部分面积,而试样上部出现了中等锈苞,说明锈/液界面的锈成分、结构与Q235B有所不同。这可能是耐蚀元素改善了锈层致密性,阻挡了大部分的 $HSO_3^-$ 入侵;锈/液界面的 $HSO_3^-$ 浓度较高,吸收了较多的溶解氧,导致锈表面低价或非晶铁矿物(如:黑/褐色 $Fe_3O_4$、$\delta\text{-FeOOH}$)的含量较高;而部分 $HSO_3^-$ 则通过锈表面裂纹进入并滞留在外锈层中,侵蚀锈层后形成锈巢或锈苞。

**表2.9　SPA-H钢遭受C&S腐蚀的宏观形貌**

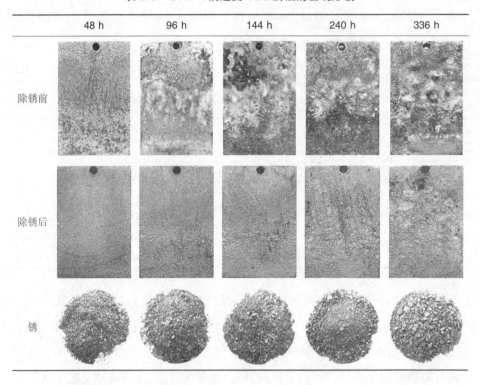

| | 48 h | 96 h | 144 h | 240 h | 336 h |
|---|---|---|---|---|---|
| 除锈前 | | | | | |
| 除锈后 | | | | | |
| 锈 | | | | | |

从除锈后的钢基体和锈可知:腐蚀前期的钢基体上只有小点蚀坑,而分布于中部偏下的点蚀坑尺寸较大;随腐蚀时间延长,点蚀坑尺寸增大,分布位置上移、面积扩大;与大腐蚀坑相对应的是较大的锈苞、较厚且多的锈层/片。腐蚀

液通过裂纹进入锈层，被致密且厚的锈层阻挡而滞留其中，大大延长了对锈层和钢基体的侵蚀时间，最终导致锈苞/锈巢和较大腐蚀坑出现。锈苞出现的区域一般为腐蚀最严重的区域，日常应用中应重点防护。

### 2.3.3 锈层微观结构

表 2.10 为分别遭受 C、C&S 侵蚀的 SPA-H 钢所生锈层的截面微观形貌，左侧白色部分为钢基体，右侧黑白相间部分为镶样粉。

表 2.10 SPA-H 钢的锈层截面微观结构

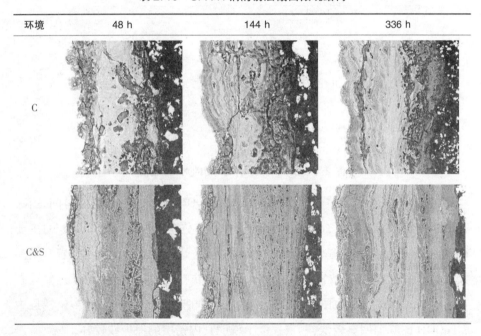

| 环境 | 48 h | 144 h | 336 h |
|------|------|-------|-------|
| C | | | |
| C&S | | | |

湿热 C 条件下所生锈层的结构同样为"致密内锈层+疏松外锈层"，与常见的锈层结构一致[17]，受钢材种类和环境湿度的影响较小。而湿热 C&S 条件下所生锈层的结构则为"钢/锈界面疏松锈层+主体致密锈层"，钢中耐蚀元素是改善锈层致密性/耐酸性的根本原因。随腐蚀时间延长，C 和 C&S 内锈层的致密性均提高，与钢基体结合更加牢固，对钢基体保护自然增强；但 C&S 内锈层的裂纹提示，钢/锈界面新生内锈层的强度较低，或需要较长的转变时间。与裂

纹相连的局部锈层均出现疏松或暗斑,应该是腐蚀液滞留区;而有些疏松或小锈巢却没有明显与裂纹连接,可能是隐形裂纹或锈层自修复所致。总之,$SO_2$污染(或 0.01 mol/L $HSO_3^-$)导致锈层结构或腐蚀机理出现巨大变化。

## 2.3.4　铁锈物相成分

图 2.8 为 SPA-H 钢分别遭受 C、C&S 侵蚀所得锈层/腐蚀产物的 XRD 图谱。铁锈晶体相均主要由 $\alpha$-FeOOH、$\beta$-FeOOH、$\gamma$-FeOOH 和 $Fe_3O_4$ 等组成,其类别受环境影响很小,但结晶度或数量受环境影响很大。

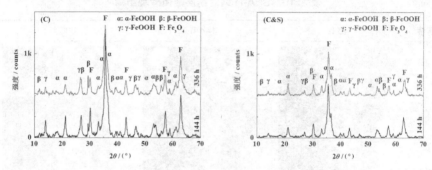

图 2.8　SPA-H 钢腐蚀产物的 XRD 图谱

144 h 的各 C 锈晶体峰值都很高,但 $\beta$-FeOOH 峰较弱。随腐蚀时间延长,其他晶体峰均明显降低,而 $\beta$-FeOOH 峰有所增强。$\beta$-FeOOH 作为 $Cl^-$ 的主要载体,峰值越高预示其结晶度越好,而半高宽或峰面积也增大时,意味着其结晶数量相应增加,这会导致锈层疏松、钢材腐蚀加剧。但如果 $\beta$-FeOOH 主要分布在外锈层,则对钢材腐蚀的影响将会减小。与同期 Q235B 相比,SPA-H 锈层中 $\beta$-FeOOH 的峰值明显较低,一定程度上说明其内锈层的保护性较好。

C&S 各锈晶体峰,与同期 C 锈晶体相比均大幅降低,$\beta$-FeOOH 峰已变得非常微弱;随腐蚀时间延长,除 $\alpha$-FeOOH 峰稍有增强外,其他峰均继续下降。峰值下降,主要是 C&S 加速钢材腐蚀,导致锈中非晶物质比例上升的缘故;但对比 Q235B 可知,SPA-H 钢中耐蚀元素同样抑制了腐蚀产物的结晶过程。$\beta$-FeOOH 峰值明显很弱、$\alpha$-FeOOH 峰值小幅升高,仍然是 $SO_2$ 污染(或 $HSO_3^-$)抑制 $Cl^-$ 破坏作用(阻止腐蚀产物吸附)的结果。

## 2.3.5 合金元素影响

耐候钢 SPA-H 分别遭受 C、C&S 侵蚀后,所展现出的腐蚀特征与同条件下 Q235B 有很多相似之处。如:同期 C&S 的腐蚀深度损失和腐蚀速率明显超过 C,锈层结构由 C 的"致密内锈层+疏松外锈层"转变为 C&S 的"钢/锈界面新生锈层疏松带+带锈巢的主体锈层+较致密外锈层",C&S 锈晶体峰高度明显低于 C 中对应晶体峰,C&S 表面锈层的黑褐色面积所占比例很大,等等。这些共同特征均体现了环境(SO$_2$污染)对钢材腐蚀的影响。

除此之外,与 Q235B 腐蚀特征之间的一些明显差异,则体现了耐蚀元素在腐蚀演化中的重要作用。如:SPA-H 在 C 中的腐蚀深度更低、C 与 C&S 的腐蚀深度之差更小、阶段腐蚀速率的波动更小;其 C&S 主体锈层致密性更好,锈巢的尺寸很小且数量很少,锈晶体的峰值更低,等等。这些差异均显示,耐蚀元素在提高锈层稳定性/耐弱酸性、改善钢材耐蚀性方面发挥了重要作用。

## 2.3.6 小 结

(1)SO$_2$污染前后的湿热沿海大气中,SPA-H 钢的腐蚀深度曲线均遵循幂函数 $d=at^b$ 非线性规律,腐蚀速率演化可分为锈层形成前的腐蚀增速阶段和形成后的减速阶段,铁锈晶体主要由 α-FeOOH、β-FeOOH、γ-FeOOH 和 Fe$_3$O$_4$ 等组成。

(2)SO$_2$能抑制 Cl$^-$ 的破坏作用,使疏松外锈层变致密,同时与 Cl$^-$ 具有协同侵蚀作用。协同侵蚀作用远大于抑制破坏作用,因此会长期加重 SPA-H 钢的腐蚀损失。而抑制作用下生成的外锈层,在腐蚀中后期会为腐蚀液的滞留提供必要条件,危及锈层结构和钢基体腐蚀。

(3)合金/耐蚀元素在改善钢材耐蚀性方面发挥了重要作用。它们共同抑制了锈晶体的结晶过程、改善了锈层的致密性/耐弱酸性、减少了阶段腐蚀速率的波动或锈层缺陷,从而减轻了 SPA-H 钢的腐蚀损失。

## 2.4 高湿热沿海工业大气中低碳/合金钢的腐蚀行为

### 2.4.1 腐蚀动力学

图 2.9 为三种低碳(合金)钢在 C&S 条件下的腐蚀动力学曲线。随腐蚀时间延长,它们的腐蚀深度均增加,但腐蚀速率在早期达到极大值后持续降低,降幅逐渐减小,说明锈层的形成和增厚抑制了腐蚀粒子的入侵,缓解了钢基体的快速腐蚀。腐蚀速率的演变过程可分为两个阶段,即初始快速腐蚀阶段、腐蚀减速阶段;或初期锈层形成阶段、完整锈层保护(增厚/自修复)阶段。腐蚀速率的极大值通常为两个阶段的交叉点,其出现时间与环境、钢种和锈层质量有关。

12~96 h 前,三种钢的腐蚀深度和平均腐蚀速率顺序均为 SPA-H<Q345B<Q235B;96 h 后,耐候钢 SPA-H 却超越低合金钢 Q345B,而与 Q235B 的差距逐渐减小。相同大气环境中,钢材的腐蚀性能与其锈层的性质和结构密切相关,而锈层性能又主要受合金元素影响。此处的腐蚀损失/性能差异主要由钢中合金元素(Mn、Cu、P、Cr、Ni)的种类和含量所引起。

用式(2.5)幂函数对三种钢的腐蚀深度随时间的演化曲线进行拟合,回归系数 $r^2>0.99$,结果示于图 2.9。常系数 a 和 b 的值因钢种不同而不同,即它们是与(环境和)材料相关的常数。$t$ 相同时,腐蚀深度 $d$ 由 a、b 共同决定。其中:初始单位腐蚀量 a:$a_{SPA-H}<a_{Q345B}<a_{Q235B}$,与 12~96 h 的腐蚀深度顺序相同;腐蚀趋势/锈层疏松指数 b:$0.5<b_{Q345B}<b_{Q235B}<b_{SPA-H}<1$,与 96 h 后的腐蚀深度顺序相同。即初始单位腐蚀量 a 对早期腐蚀影响较大,其值越小,预示钢的前期耐蚀性越好;而锈层疏松指数 b 主要影响中后期腐蚀,其值越小,则预示钢的中后期耐蚀性越好。

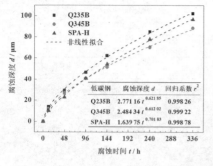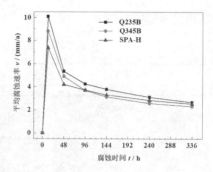

图 2.9　实验钢的腐蚀动力学曲线

幂函数 $d=at^b$ 中:b=1 时,$d=at$,即 $d$ 与 $t$ 呈线性关系。b>1 时,随 $t$ 增加,$d$ 快速增长,即腐蚀速率上升,锈层不具有保护性。0<b<1 时,随 $t$ 增加,$d$ 缓慢增长,即腐蚀速率下降,所得锈层具有保护性;b 值越接近 0,$d$ 增长越缓慢,即腐蚀速率下降越快,锈层保护性较好;而 b 值越接近 1,腐蚀速率下降越慢,锈层保护性较差。

另外,增加初期腐蚀考察点 12 h 后,Q235B 钢的 C&S 拟合方程系数 $a_{Q235B}$ 由 2.697 26 增大 2.771 16、$b_{Q235B}$ 由 0.626 77 减小到 0.621 85;或者初期单位腐蚀深度 a、平均腐蚀速率极大值高于先前拟合值,说明考察点的分布会影响拟合方程的常系数值。拟合方程主要用于评估特定环境中结构钢的选材和安全服役寿命,因此应合理设置考察点以提高拟合方程的区间精度。

## 2.4.2　锈层微观形貌

表 2.11 为低碳钢遭受 C&S 腐蚀 144 h 和 336 h 的外锈层微观形貌。144 h 时,三种锈层表面均为疏松的腐蚀产物,疏密程度为 Q235B<Q345B<SPA-H,与钢材的晶粒大小顺序( Q235B>Q345B>SPA-H)存在一定相关性,即细小的钢组织晶粒,有助于细化腐蚀产物晶粒、改善锈层的致密性。相同的弱酸条件下,锈层越疏松,说明其稳定性越差。疏松腐蚀产物抑制外界粒子入侵的能力有限,相反其疏松结构却为腐蚀液的长期润湿和渗透提供了必要条件。疏松腐蚀产物的基底是连续的锈层,它们对钢基体已经形成全面防护。Q235B 外锈层中存在褶皱和裂纹,裂纹出现在褶皱脊梁上,应该是褶皱断裂所致,而裂纹则会成为大量腐蚀液入侵的快速通道;Q345B 外锈层基底也存在较小裂纹,SPA-H 外锈层因腐蚀产物太

浓密难以看到基底情况。

表 2.11　实验钢的外锈层微观形貌

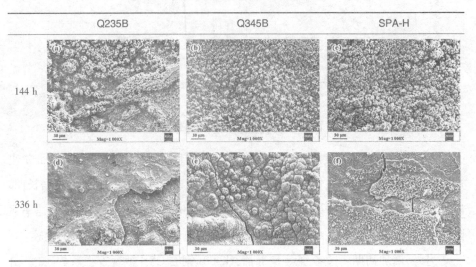

| Q235B | Q345B | SPA-H |
|---|---|---|
| 144 h | | |
| 336 h | | |

腐蚀 336 h 时,三种外锈层的致密性有明显改善,但出现不同程度的脱皮和裂纹。Q235B 外锈层如酥皮般脱落,说明其锈层不稳定且层间结合力差。Q345B 外锈层的致密性最好,表面球状腐蚀产物也非常致密,但存在较大裂纹;裂纹边缘齐整,穿越位置没有明显规律,应该是内应力在锈层干燥过程中突然释放所致。SPA-H 外锈层有部分片层脱落,脱落后的区域可以看到隐藏的较大裂纹,裂纹深入锈层内部;相邻内层锈层比表面脱落锈层疏松、多小孔,两层之间有少量新生疏松腐蚀产物。说明表面锈层与内部锈层间的结合力略差,而致密性差异是导致表面锈层脱落的主要原因,裂纹仅起到助推作用;同时也说明,早期致密锈层在有效抑制外界粒子入侵的过程中,也束缚了内部腐蚀产物的体积变化,导致相邻内部锈层的致密性较差,并有裂纹产生。

## 2.4.3　锈层微观结构

### 2.4.3.1　截面结构

表 2.12 为三种低碳钢腐蚀 48 h、144 h 和 336 h 的锈层截面微观形貌。左侧白色部分为钢基体,右侧黑白相间部分为镶样粉。

表 2.12 实验钢的锈层截面微观结构

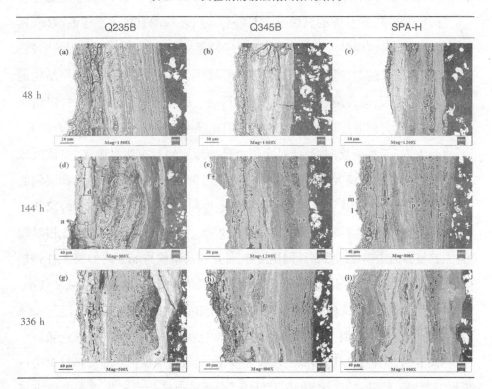

腐蚀 48 h 时,三种锈蚀钢的锈层截面致密性均较好,但锈层结构存在一定差异,且腐蚀前沿的钢/锈界面均存在一条疏松带。Q235B、Q345B 和 SPA-H 锈层中界面疏松带的平均宽度分别约占总厚度的 30%、22.5% 和 5.1%,结合图 2.9 的平均腐蚀深度计算得 8.78 μm、6.04 μm 和 1.17 μm,说明 Q235B 钢在 48 h 内的腐蚀同比最重,锈层保护性最差,而 SPA-H 钢的锈层保护性最好。钢/锈界面疏松带以外的 Q235B 锈层,由致密片层和密排小孔层相间排列,主体锈层的致密性由外向内依次增强。说明随腐蚀时间延长,锈层致密性逐渐增强,而界面疏松带也会在新生腐蚀产物填充后形成致密的内锈层。Q345B 锈层的致密性同比最好,但存在团簇状裂纹,有的支裂纹与界面疏松带连通,这很可能会引发严重的局部腐蚀。SPA-H 锈层均匀性相对最差,由疏密相间的宽条层构成,这很可能是裂纹的生成和再修复影响腐蚀液侵蚀的结果;而宽条层与钢基体平行,没有大角度裂纹存在,且内部致密性较好,故此时其锈层保护性最好。

随锈层增厚,钢基体的腐蚀反应与外界大气环境的直接关系逐渐减弱,转而主要受内部滞留腐蚀液的控制[65]。腐蚀液受自身重力和滞留场所的限制,侵蚀时间和结果的差异很大。再加上裂纹和腐蚀介质的影响,所得锈层结构的局部差异就更大,尤其是中下部的腐蚀最严重。比较钢材耐蚀性能时,以锈层的局部厚度作为判断指标,但不能确保它们在同一高度时,其做法是不合理的。

144 h 时,三种锈层的钢/锈界面疏松带的致密性均有明显改善,但该区域仍出现较多裂纹,裂纹大多与钢基体平行,说明新生锈层的质量较差,锈层间的黏附性能较弱。Q235B 锈层的致密性和稳定性同比最差,不但生成了蜂窝状大锈巢,还存在锈层的剥离,锈层结构破坏最严重。Q345B 锈层的致密性相对较好,尤其是界面内锈层的致密性同比最好;外部锈层结构与 48 h 时的 SPA-H 锈层类似,中部锈层存在与钢基体平行的裂纹和细长的锈巢,对钢基体的威胁较小。SPA-H 界面锈层明显疏松,裂纹数量也比 Q345B 新锈层中多,其外锈层与 48 h 的 Q235B 锈层结构相似,锈层保护性显然要比 Q345B 差,很可能是裂纹所致。

336 h 时,三种锈层的结构出现较大变化,预示锈层保护性能或钢材腐蚀行为将出现新一轮转变。Q235B 与 Q345B 钢/锈界面新生锈层均存在大量小锈巢,说明锈层稳定性较差,容易被弱酸性腐蚀液溶解。Q235B 主体锈层中还存在大锈巢、大裂纹,这样的锈层结构对钢基体难以形成有效保护。Q345B 锈层结构与 144 h 的 SPA-H 类似,主体锈层致密性较好,能对钢基体形成有力保护;但大量小锈巢的出现也提示锈层中存在较多隐形裂纹,很可能会加剧下一阶段的腐蚀。SPA-H 钢/锈界面新生锈层和主体锈层的致密性均明显改善,锈层自修复能力较强。此时三种锈层的致密性和保护性依次为 SPA-H>Q345B>Q235B,这与合金元素 Cu、P、Cr、Ni、Mn 的作用密不可分。

## 2.4.3.2　元素分布

图 2.10 为表 2.12 中 144 h 锈层截面特征点的元素分析。其中:a~e、f~k、l~r 分别为 Q235B、Q345B 和 SPA-H 锈层内的特征点,a/f/l 为钢/锈界面致密锈点,d/r 为锈巢边缘点,e/j/n 为裂纹边缘点,k/m 为钢/锈界面疏松锈点。

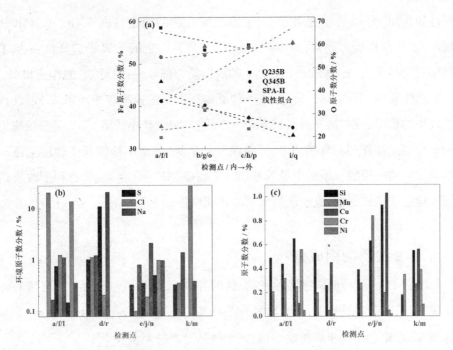

图 2.10　表 2.12 中 144 h 锈层截面特征点的元素分析

图 2.10(a)显示,三种锈层的致密点自内向外均呈现出 Fe 原子数分数下降和 O 原子数分数上升的趋势,但变化梯度较小,顺序为 Q235B<Q345B<SPA-H,说明湿热 C&S 条件下钢的腐蚀速率很快,O 可以通过干燥期的 $O_2$ 扩散和润湿期的 $H_2O$ 渗透直达锈层内部,所得锈层会结成一个整体;而 SPA-H 锈层对 O 的抑制能力同比最强。图(b)显示,Cl 原子数分数在钢/锈界面处明显较高,无论致密点 a/f/l 还是疏松点 m,在锈巢边缘点 d 和裂纹边缘点 n 也较高,说明 $Cl^-$ 可以穿透锈层直达腐蚀前沿的钢/锈界面[22],并导致新生锈层疏松;而 S 原子数分数在锈巢边缘点 d/r 处明显较高,说明锈巢为含 S 酸侵蚀锈层所致[23];Na 原子数分数依次在锈巢 r、裂纹边缘 j 处较高,与滞留腐蚀液多少呈正相关。图(c)显示,合金元素 Si、Mn 和 Cu 在裂纹边缘 n/j、锈巢边缘 r 和界面疏松区 m 等锈层缺陷处均有较高比例,顺序为 Mn<Si<Cu,说明它们的氧化物稳定性较好,能抵制含 S 弱酸的侵蚀,有助于改善锈层的稳定性,而 Cu 的作用同比最好;Cr 和 Ni 在钢/锈界面锈层富集较多,它们都有细化腐蚀产物颗粒、改善锈层致

密性的作用,而 Ni 在疏松处稍多,显示其氧化物的稳定性高于 Cr。Q345B 锈层对 $Cl^-$ 的阻挡能力较强,对 $Na^+$ 较弱,可能具有一定的阳离子选择性;SPA-H 锈层对大尺寸的 $HSO_3^-$ 和小尺寸 $Na^+$ 的阻挡能力都较强,但对 $Cl^-$ 的作用很弱。

总体来看:湿热 C&S 条件下,三种低碳钢因腐蚀速率较快而形成 Fe、O 梯度较小的锈层。钢/锈界面区域常会出现疏松、裂纹和小锈巢,与 $Cl^-$、腐蚀应力和 $SO_2$ 的交互作用有直接关系;随腐蚀时间延长,界面疏松的新生锈层会逐渐形成致密的内锈层。添加少量的 Si、Mn、Cu、Cr、Ni 等合金元素,有利于改善锈层的稳定性和致密性,进而缓解钢材的快速腐蚀。

## 2.4.4　铁锈物相成分

图 2.11 为三种低碳钢腐蚀产物/锈的 XRD 图谱和晶粒尺寸。在湿热 C&S 条件下,三种钢腐蚀所得产物均由 $\alpha$-FeOOH、$\beta$-FeOOH、$\gamma$-FeOOH、$Fe_3O_4$ 等晶体组成,除此之外是非晶物质,占腐蚀产物总量的绝大多数[80]。

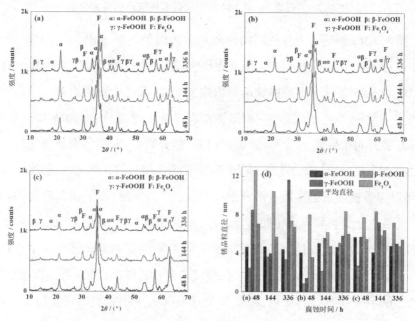

图 2.11　实验钢腐蚀锈的 XRD 图谱及晶粒尺寸

(a)Q235B;(b)Q345B;(c)SPA-H;(d)锈晶粒直径

48 h 时,三种钢的腐蚀产物中只有 $Fe_3O_4$ 峰高存在明显差异,高低顺序为 SPA-H>Q235B>Q345B。一般来说,XRD 实验过程和晶体峰半高宽相同时,峰高度与其含量成正比。$Fe_3O_4$ 主要来源于绿锈转化,还可能由 $\beta$-FeOOH 和 $\gamma$-FeOOH 还原生成[84,85],它能传递电子是导体,又具有反式尖晶石结构和较高的堆密度,一定程度上能帮助改善锈层的稳定性和致密性。Q235B 腐蚀产物中的 $Fe_3O_4$ 峰高于 Q345B,但其 $Fe_3O_4$ 晶粒直径和各晶粒平均直径均最大,这势必会降低锈层的致密性。Q345B 的锈晶粒平均直径最小,虽存在一些小裂纹,但其较高的 Mn 含量,在一定程度上可帮助细化锈晶体颗粒,改善锈层的稳定性和致密性,故总体保护性能较好。SPA-H 腐蚀产物中的 $Fe_3O_4$ 峰最高,应该是耐蚀元素促进钢的初期快速腐蚀和 $\beta/\gamma$-FeOOH 还原的结果。

144 h 时,Q235B 与 Q345B 腐蚀产物中的 $Fe_3O_4$ 峰均降低、$\alpha$-FeOOH 峰明显升高,意味着 $\alpha$-FeOOH 在锈层中所占比例增加。$\alpha$-FeOOH 是铁锈矿物中稳定性很高的晶体相,其含量增加有利于改善锈层的稳定性。Q345B 锈层相对稳定且致密,保护性随腐蚀时间延长而提高。Q235B 腐蚀产物中,虽然 $\alpha$-FeOOH 的峰值同比最高,但占锈层绝大多数的非晶物质的稳定性很差,被侵蚀过后的锈层结构破坏严重,单位面积/体积内 $\alpha$-FeOOH 的分布相应减少,难以阻止环境腐蚀介质的大量入侵,保护钢基体的能力有限。SPA-H 腐蚀产物中 $Fe_3O_4$ 峰大幅下降,$\alpha$-FeOOH 峰也小幅降低,应该是保护性锈层形成后,耐蚀元素转而抑制腐蚀产物的晶体转变,以降低裂纹等缺陷对锈层结构破坏的概率。

336 h 时,三种腐蚀产物中 $Fe_3O_4$ 峰均有小幅降低、$\alpha$-FeOOH 峰稍有升高,但与 144 h 相比变化不大,说明锈层成分和结构总体处于稳定中。虽然锈层中会不断出现新的小裂纹,$Cl^-$ 通过裂纹快速入侵钢基体会引发钢/锈界面疏松,$HSO_3^-$ 沿着裂纹侵蚀会导致锈层结构破坏,但锈层的自修复与缺陷之间基本都处于平衡中。

一般而言,锈晶体中稳定相的含量/比例升高,有助于提高锈层稳定性;而且锈晶粒越均匀、直径越小,锈层的致密性就越好。稳定性、致密性和黏附/附着性都较好的锈层,自然对钢基体的保护性就好。但锈层结构遭到严重破坏

(如 Q235B),或钢中有多种合金元素(如 SPA-H)作用时,以锈晶体峰的高度(或面积)变化来推测锈层性能的方法很可能就不准确。因此,以锈晶体含量或峰值变化判断锈层保护性的方法,仅限于相同或相近钢种的致密锈层。

## 2.4.5　锈层演化过程

湿热沿海大气中,工业尾气 $SO_2$ 污染会降低钢表面液膜的 pH 值,生成腐蚀性更强的弱酸性液膜,进一步加速钢(基体)的腐蚀损失/危害,主要包括钢的阳极溶解和锈层的结构破坏。

$SO_2$ 污染使得初期锈层由疏松变致密,此时钢中合金元素的作用可忽略。含 S 酸性液膜先于 $Cl^-$ 加速钢的阳极溶解,导致短期内大量腐蚀产物生成,大部分吸附在钢表面提高了锈层的致密性。另外,含 S 酸不但抑制了 $Cl^-$ 的主要载体 $\beta$-FeOOH,还促进了更稳定的 $\alpha$-FeOOH 生成,改善了锈层的稳定性。于是,致密的初始片层锈形成了。

锈层本质是疏松多孔且韧性很差的膜层,对腐蚀介质的阻挡性能是相对的。其内部应力的释放过程常常会引发裂纹产生,尤其在干燥过程中。锈层的自修复能力大幅下降,以致裂纹会保留到下次腐蚀,也自然成为后续腐蚀介质入侵的通道。当裂纹尺寸很小时,只有少量小粒径的 $Cl^-$、$O_2$ 和 $H_2O$ 等可以通过,维持较低的腐蚀速率。当裂纹尺寸较大时,部分大粒径的 $HSO_3^-$ 也得以进入,并侵蚀锈层形成锈巢。腐蚀初期,锈巢的数量虽多但尺寸很小,因为锈层具有很强的自修复能力,大量腐蚀产物可以迅速修复少许小裂纹。

腐蚀初期的锈层自修复能力远大于裂纹破坏速度,二者交互作用即使锈层呈现出"致密薄层+小锈巢层"相间排列的结构。

初期锈层抑制了大部分腐蚀介质的入侵,钢的腐蚀速率逐渐降低,锈层缓慢增厚且变致密。与此同时,内部腐蚀反应和晶体转变均会带来体积变化,导致应力不断积聚又长期被致密外锈层束缚。当积聚的应力值超过锈层的束缚值时,在干燥过程中、锈层脆弱区,突然爆发而形成大裂纹,并成为 $HSO_3^-$ 大量、快速入侵的绿色通道。普通锈层难以抵挡含 S 酸的侵蚀而形成锈巢,锈巢又为含 S 酸的滞留和侵蚀提供了场所,恶性循环的结果是裂纹和锈巢的尺寸不断增大。当腐蚀产物的稳定性较高且分布均匀,能抵挡含 S 酸的侵蚀时,锈层中仅有少量小锈巢形成或裂纹尺寸稍增大,致密性整体保持较好。

综上,影响主体锈层致密性的首要因素是腐蚀产物的稳定性和分布情况,其次为裂纹等缺陷的破坏。腐蚀产物的稳定性越好、分布越均匀,则主体锈层的致密性越好,保护性相应增强。而提高腐蚀产物稳定性的根本途径是,向钢中添加少量耐蚀/合金元素,如 Cu、Si、Mn、Cr、Ni 等。

从外部锈层到钢/锈界面,内应力的释放过程带来的影响越来越小,裂纹的尺寸也越来越小,类似于“楔形”。大粒径的 $HSO_3^-$ 多被阻挡在外部和中部,而小粒径的 $Cl^-$、$H_2O$ 等可穿透到钢/锈界面,导致界面新生锈层疏松。还有较大的纵深裂纹直通钢基体,为 $HSO_3^-$ 入侵提供了条件,结果导致钢/锈界面新生锈层出现小锈巢。而腐蚀产物的稳定性越高,其耐腐蚀性能和自修复能力越强。随腐蚀时间延长,含有耐蚀元素的钢材的腐蚀速率更稳定,其锈层纹理更加均匀,且致密性和保护性均有明显改善。

## 2.4.6 小 结

(1)三种低碳钢的腐蚀深度损失均遵循幂函数 $d = at^b$ 分布规律。常系数 a、b 的影响因素,除环境和钢种外,还与考察点的设置有关。腐蚀速率总体可分为加速和减速两个阶段。

(2)湿热沿海工业大气中,$SO_2$ 与 $Cl^-$ 的协同作用会加速钢材的腐蚀,表现为锈层的层间结合性能差、元素浓度梯度很小、内部多发裂纹和大锈巢。而添加少量的合金/耐蚀元素,可以改善以上状况,提高锈层的稳定性和致密性。

(3)铁锈晶体主要包含 $\alpha$-FeOOH、$\beta$-FeOOH、$\gamma$-FeOOH、$Fe_3O_4$ 等。判断锈层保护性,应综合考虑晶体的峰值/百分比、颗粒直径、锈层致密性及合金/耐蚀元素作用等因素。

## 2.5　本章小结

（1）$SO_2$ 污染前后的高湿热沿海大气中,低碳钢的腐蚀深度曲线均遵循幂函数 $d=at^b$ 分布规律;钢的腐蚀过程可分为两个阶段,即:锈层形成前的初期快速腐蚀阶段、锈层防护后的腐蚀减速阶段;铁锈晶体主要包含 $\alpha\text{-FeOOH}$、$\beta\text{-FeOOH}$、$\gamma\text{-FeOOH}$、$Fe_3O_4$ 等。拟合方程的常系数（a、b）、腐蚀速率的转折点、锈晶体的晶粒直径等,均随钢种（主要是合金元素）及其周围环境/介质的改变而改变。

（2）高湿热沿海大气中,$SO_2$ 长期污染（或 0.01 mol/L $NaHSO_3$）会加重钢材的腐蚀损失。$SO_2$ 与 $Cl^-$ 共同作用时,可以抑制 $Cl^-$ 对锈层的破坏,使疏松锈层变致密;但大粒径的 $HSO_3^-$ 常会被锈层阻挡在外引发锈巢,而小粒径的 $Cl^-$ 则能穿透锈层侵蚀钢基体,引发钢/锈界面新生锈层疏松。裂纹是锈层内部应力突然释放的产物,为弱酸性 $HSO_3^-$ 深入/入侵锈层提供了通道。裂纹、$SO_2$ 与 $Cl^-$ 的协同作用,导致锈层结构不断破坏,钢基体腐蚀加剧。

（3）钢中添加少量稳定性高或耐蚀性好的合金元素（如:Si/Mn、P/Cr/Cu/Ni 等）,可以改善铁锈的稳定性、附着性和致密性,抑制环境腐蚀介质的入侵和滞留,进而提高钢材的耐蚀性能。

# 第 3 章

# 高成本桥梁钢的抗湿热腐蚀机理

桥梁钢的大气腐蚀是制约桥梁耐久性的最主要因素[86,8],必须引起高度重视。而在海洋大气(主要为 Cl⁻)和工业大气(主要为 $SO_2$)中服役的桥梁钢的腐蚀最为严重[5,6,17,87],数量也最多。当环境相对湿度 RH≥80%时,钢表面会形成连续的电解液膜,加速其腐蚀[62,80,88,89]。电解液膜的润湿时间 TOW 越长,钢的腐蚀越严重[63,90,91]。而腐蚀产物也会吸附在钢表面形成锈层,阻止腐蚀介质的渗透和传输[21]。随锈层增厚,钢基体腐蚀逐渐由外界环境主导转为锈层和滞留电解液控制[65]。为提高锈层的保护性,常在钢中添加少量合金元素来改善锈层的结构和性质,"以锈止锈"来延长结构钢的耐久性[4,92,93]。

为考察沿海工业大气中桥梁钢的抗湿热腐蚀性能和机理,参照 ASTM 和 JIS 系列,尤其是 ASTM-A709/A709M、JIS G3140、GB/T 714 等标准和 WNQ570(Q420q)开发工艺流程,自行设计了一组耐候桥梁钢。桥梁钢均采用相同的生产工艺,在兼顾钢板力学性能和常温可焊性的前提下,重点考察合金元素的作用机理。

## 3.1 桥梁钢开发流程

桥梁钢的开发流程包括:成分设计,配料计算、常压冶炼、真空精炼/合金化、保护浇铸、升温锻造、CCT 模拟、制定轧制制度,加热炉加热、轧制成板、实测成分,性能测试(力学、腐蚀、焊接等),结果反馈。目标板材为晶粒均匀且细小的铁素体或贝氏体组织,并保证其力学性能和常温可焊性。

## 3.1.1 成分及参数

表3.1和3.2所示为桥梁钢板的设计化学成分和预测性能参数。加粗字体为拟考察的合金元素或组合,包括:Ni、Cu(Ni)、Mn(Cr/Mo)、Mo(Cr)、Cr、Cr(Re)、Cr(Al)、Re、Re(Cr)、Al、Al(Cr)、Ca、Si。分号前/后成本和性能差异较大,故分为高性能桥梁钢和低成本桥梁钢两类。

表3.1 桥梁钢的设计化学成分(质量百分比,%)

| 桥梁钢 | C | Si | Mn | Al | Ni | Cu | Cr | Mo | Ca | Re | Fe |
|--------|------|------|------|------|------|------|------|------|-------|------|------|
| No.00 | 0.035 | **0.25** | 0.70 | **0.02** | **0.20** | 0.30 | 0.00 | 0.00 | 0.000 | 0.00 | 余量 |
| No.01 | 0.035 | 0.25 | 0.70 | 0.02 | **0.40** | 0.30 | — | — | — | — | 余量 |
| No.02 | 0.035 | 0.25 | 0.70 | 0.02 | **1.50** | 0.30 | — | — | — | — | 余量 |
| No.03 | 0.035 | 0.25 | 0.70 | 0.02 | 3.50 | **0.00** | — | — | — | — | 余量 |
| No.04 | 0.035 | 0.25 | 0.70 | 0.02 | **3.50** | 0.30 | — | — | — | — | 余量 |
| No.05 | 0.035 | 0.25 | 0.70 | 0.02 | 3.50 | **0.70** | — | — | — | — | 余量 |
| No.06 | 0.035 | 0.25 | **0.70** | 0.02 | 0.20 | 0.30 | 0.45 | **0.15** | — | — | 余量 |
| No.07 | 0.035 | 0.25 | **1.05** | 0.02 | 0.20 | 0.30 | 0.45 | 0.15 | — | — | 余量 |
| No.08 | 0.035 | 0.25 | **1.40** | 0.02 | 0.20 | 0.30 | 0.45 | 0.15 | — | — | 余量 |
| No.09 | 0.035 | 0.25 | 0.70 | 0.02 | 0.20 | 0.30 | **0.45** | **0.00** | — | 0.00 | 余量 |
| No.10 | 0.035 | 0.25 | 0.70 | **0.02** | 0.20 | 0.30 | **0.45** | — | — | 0.01 | 余量 |
| No.11 | 0.035 | 0.25 | 0.70 | 0.02 | 0.20 | 0.30 | **0.00** | — | — | 0.01 | 余量 |
| No.12 | 0.035 | 0.25 | 0.70 | **0.45** | 0.20 | 0.30 | **0.45** | — | — | — | 余量 |
| No.13 | 0.035 | 0.25 | 0.70 | **0.45** | 0.20 | 0.30 | **0.00** | — | — | — | 余量 |
| No.14 | 0.035 | 0.25 | 0.70 | 0.02 | 0.20 | 0.30 | — | **0.001** | — | — | 余量 |
| No.15 | 0.035 | **0.50** | 0.70 | 0.02 | 0.20 | 0.30 | — | — | — | — | 余量 |

注:$P \leqslant 0.025$、$S \leqslant 0.004$、$Nb = 0.06$、$Ti = 0.01$、$O \leqslant 20$ ppm、$N \leqslant 40$ ppm。

表 3.2 桥梁钢的预测性能参数

| 桥梁钢 | 板厚 /mm | 常温可焊性指数 | | | 耐候性指数 | |
|---|---|---|---|---|---|---|
| | | $C_{ev}$/% | $C_{eq}$/% | $P_{cm}$/% | $I$/% | $V$ |
| No. 00 | 12 | 0.185 | 0.167 | 0.097 | 9.349 | 1.017 |
| No. 01 | 12 | 0.198 | 0.172 | 0.100 | 10.120 | 1.043 |
| No. 02 | 12 | 0.272 | 0.200 | 0.118 | 14.361 | 1.211 |
| No. 03 | 12 | 0.385 | 0.250 | 0.137 | 14.377 | 1.661 |
| No. 04 | 12 | 0.405 | 0.250 | 0.152 | 22.073 | 1.712 |
| No. 05 | 12 | 0.432 | 0.250 | 0.172 | 32.241 | 1.786 |
| No. 06 | 12 | 0.305 | 0.295 | 0.129 | 9.889 | 1.065 |
| No. 07 | 12 | 0.363 | 0.353 | 0.147 | 9.889 | 1.071 |
| No. 08 | 12 | 0.422 | 0.411 | 0.164 | 9.889 | 1.077 |
| No. 09 | 12 | 0.275 | 0.257 | 0.119 | 9.889 | 1.017 |
| No. 10 | 12 | 0.275 | 0.257 | 0.119 | 9.889 | 1.017 |
| No. 11 | 12 | 0.185 | 0.167 | 0.097 | 9.349 | 1.017 |
| No. 12 | 12 | 0.275 | 0.257 | 0.119 | 9.889 | 1.017 |
| No. 13 | 12 | 0.185 | 0.167 | 0.097 | 9.349 | 1.017 |
| No. 14 | 12 | 0.185 | 0.167 | 0.097 | 9.349 | 1.017 |
| No. 15 | 12 | 0.185 | 0.178 | 0.105 | 9.721 | 1.030 |
| 参考值 | ≤16 | ≤0.46 | ≤0.42 | ≤0.22 | ≥6.0 | 0.9~2.5 |

## 3.1.2 冶炼和轧制

常压冶炼：设备为电炉，目标产品为工业纯铁。①熔化/氧化期：加入废钢、石灰、矿粉，送电冶炼，吹氧升温、造氧化渣，脱 P、脱 C、去气、去杂，扒渣；②还原期：加入石灰、萤石、硅铁粉、铝粉，造还原渣，脱 O、脱 S、搅拌调成分（分析 C、P、S 等），扒渣；③调整温度、保护浇铸。

真空精炼/合金化：设备为真空感应炉。①装料：先将工业纯铁、镍铁等氧化性强且无烧损的铁合金装入氧化镁坩埚，其他还原性强、收得率低、含量很低的铁合金装入料仓；②真空熔化：封闭感应炉，送电冶炼，逐级抽真空；③精炼合金化：钢液完全熔化后，先加入稀土/钙铁线/铝等进行脱氧，后依次加入料仓内合金,再次加入钙铁线进行脱氧球化,用电磁搅拌钢液使均匀化;④调整温度、保护浇铸成钢锭,浇铸完成停止抽真空,20 min 后脱模空冷。

升温锻造:①先用加热炉将钢锭加热到奥氏体化温度 1 200 ℃,并保温 60 min;②然后机械锻造成 80 mm×80 mm×$L$ 的长方体钢锭。

模拟轧制:CCT(continuous cooling transformation)实验,实验仪器 Gleeble—3500。①取锻造后的钢锭,按照图 3.1 制作 CCT 模拟试样;②将试样 Φ10 mm 两端夹入膨胀仪中,之后将 Φ6 mm×10 mm 两端分别与热电偶两极焊接在一起,并连接应变传感器;③按照图 3.2 工艺示意图,先以 20 ℃/s 的速度将试样加热到 1 200 ℃,并保温 180 s 以使钢组织均匀化;再以 10 ℃/s 的速度冷却至 850 ℃,并保温 30 s,之后压缩40%,应变速率为 1 s$^{-1}$;然后分别以 0.5、1、2、5、10 和 20 ℃/s 的冷却速度连续降到室温;每种钢的每个温度实验至少进行 5 次;④将电脑自动记录的伸长-时间曲线和温度-时间曲线,转变为温度-膨胀量曲线,而后按照切线法取直线部分的延长线与曲线部分的分离点作为相变温度点;⑤将已完成试样的 Φ6 mm×10 mm 部分沿纵向剖开,依次打磨、抛光,用体积比4%的硝酸酒精腐蚀 3~5 s,光学显微镜分析形变组织,再用软件分析各相体积分数和晶粒尺寸;⑥将试样形变区置于 49 N 的载荷下测量维氏硬度,之后通过黑色金属强度-硬度换算公式计算其抗拉强度。

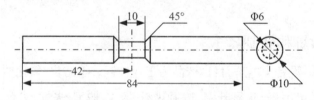

图 3.1　CCT 实验用试样图示

轧制工艺:TMCP(thermo mechanical control process)热轧工艺示于图 3.2。①用加热炉将锻造后的钢锭加热到 1 200 ℃,并保温 30 min。②用东北大学 RAL 国家重点实验室的 450 热轧机组轧制;待温度降至 1 070 ℃时开始第 1 次轧制,分 3 道次(80 mm→64 mm→51 mm→40 mm)压缩50%;待温度降至 950 ℃时进行第 2 次轧制,分 4 道次(40 mm→28 mm→19.5 mm→15.5 mm→

12 mm)压缩70%。③待空冷至810 ℃,以10~15 ℃/s的水冷速度强制降温至500 ℃,之后空冷至室温。

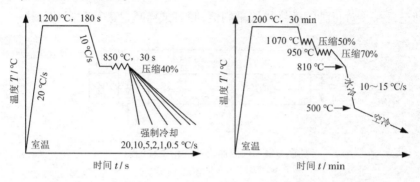

图 3.2　CCT 模拟与 TMCP 轧制示意图

## 3.1.3　组织与性能

金相实验:桥梁钢的金相实验与光学显微组织分析参照(2.1.1.2),金相/光学显微组织照片分别示于各章节。

室温拉伸试验:根据 GB/T 228 标准。①按图3.3,在桥梁钢板上沿轧制方向切取并加工拉伸试样,确保表面质量。②室温条件下,先等分并标记试样的原始标距;再用 AGS-X 万能材料试验机(加用引伸计)夹紧试样两端,之后以2 mm/min 的速率进行拉伸试验;为保证数据的可靠性,每种钢获得至少 4 个平行有效数据,结果由电脑自动记录。③对每种钢的测试结果取平均值,并画出应力-应变曲线,同时测算试样的断后伸长率等。

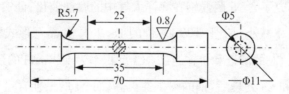

图 3.3　室温拉伸试验用试样图示

低温冲击试验:根据 GB/T 229 标准。①按图3.4,在桥梁钢板上沿轧制方向切取并加工 V 形缺口冲击试样,确保表面质量。②用液氮和酒精的混合介质冷却试样,先冷却至-45 ℃并保温 20 min。③用 Instron HV9250 试验机进行冲击试验,V 形缺口背对落锤;每种钢获得至少 4 个平行有效数据,结果由电脑自动记录。④对每种钢的结果取平均值,并对试样断口进行观察和分析。

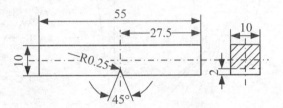

图 3.4　低温冲击试验用试样图示

## 3.1.4　腐蚀与评定

湿热沿海工业大气腐蚀的室内模拟实验同(2.1.2);初始腐蚀的室内模拟与室外暴露实验见后续章节。腐蚀评定方法见(2.1.3)。

## 3.1.5　焊接与测试

抽样焊接试验及性能测试将在后续章节阐述。

## 3.2　Ni 在桥梁钢湿热腐蚀中的作用机理

常用的铁合金中,Ni 的综合性能优于纯铁,不但可以与之无限互溶,还能促进其他合金在钢中的溶解,改善钢材的力学性能和腐蚀性能[94,95]。日本学者[96-102]系统研究了含 Ni 耐候钢在海洋大气中的腐蚀演化,证实:随 Ni 含量增加,钢的腐蚀速率减小;Ni 主要以+2 价的 $Fe_2NiO_4$ 尖晶石形式赋存于内锈层中,能有效阻止 $Cl^-$ 的渗透和传输;在 NaCl 沉积率为 1.3 mdd 的严酷环境中,经过降 Cr、增 Ni 和 Ca 处理后,钢的耐候性提高,而 Ni 的最佳含量约为 3.0%;在湿热环境中,提高 Ni 含量可以增强钢的耐候性。我国学者[103-108]对含 Ni 耐候钢的腐蚀性能也做了大量研究,发现:含 2.68%Ni 的钢在青岛(主要为 $Cl^-$)和江津(主要为 $SO_2$)大气中的耐腐蚀性能均较好,而锈层对 $Cl^-$ 的抑制效果好于

$SO_2$;随 Ni 含量增加,锈层变细密,$\alpha$-FeOOH 生成量增加;当 Ni 含量超过 3.0%,钢所生成的锈层对 $Cl^-$ 和 $HSO_3^-$ 的阻止能力明显增强;最优的 Ni 含量约为 3.5%。因环境或 Ni 含量不同,其他学者的研究结果或相似或相异[109,110]:在温和与中等海洋大气中,增加 Ni 含量会促进超顺磁纳米级 $\alpha$-FeOOH 生成,进而提高内锈层的保护性,而 Ni 在锈层中呈均匀分布;Ni 镀/锈层对 $Cl^-$ 的阻挡能力很差,而对 $SO_4^{2-}$ 的阻挡能力较强[111,112]。

当前我国的跨海大桥建设正处于快速发展时期,面对 $SO_2$ 含量不断升高的新型沿海工业大气环境(C&S),现行的桥梁用钢标准难以满足桥梁耐久性要求。尤其在湿热的夏秋季节和南部沿海,腐蚀液膜长时间润湿,会加重桥梁钢的腐蚀损失,带来很多潜在危险[66-70]。而对于在高腐蚀性大气环境(如高 $Cl^-$、高 $SO_2$、高 RH 或长 TOW)中服役的桥梁,美国相关部门建议增加 Ni、Cu、Cr 的含量以提高桥梁钢的耐候等级,日本则建议使用高 Ni 系的耐候桥梁钢。为探索湿热沿海工业大气中 Ni 对桥梁钢腐蚀性能的影响和机理,我们采用湿/干周期浸润模拟腐蚀试验[113],研究了常规耐候桥梁钢(Ni≤1.5%)、高 Ni 桥梁钢(Ni>3.0%)和商品耐候钢 SPA-H 的腐蚀行为[2,114],以为跨海大桥的开发和选材提供参考。

## 3.2.1　成分与性能

表 3.3、图 3.5 和表 3.4 分别为实验钢的实测化学成分、光学显微组织、力学性能和耐候性指数。其中,桥梁钢中 Ni 的梯度为 0.20、0.42、1.50 和 3.55,参比钢 SPA-H 为 Cu-P-Cr 系耐候钢。

表 3.3　实验钢的化学成分(质量百分比,%)

| 实验钢 | C | Si | Mn | P | S | Al | Ni | Cu | Cr | Nb | Ti | Fe |
|---|---|---|---|---|---|---|---|---|---|---|---|---|
| SPA-H | 0.050 | 0.40 | 0.42 | **0.095** | 0.004 | 0.02 | **0.06** | **0.28** | **0.58** | — | — | 余量 |
| No. 00 | 0.035 | 0.25 | 0.75 | 0.025 | 0.003 | 0.02 | **0.20** | 0.32 | — | 0.06 | 0.01 | 余量 |
| No. 01 | 0.035 | 0.22 | 0.73 | 0.025 | 0.003 | 0.02 | **0.42** | 0.31 | — | 0.06 | 0.01 | 余量 |
| No. 02 | 0.040 | 0.23 | 0.71 | 0.025 | 0.003 | 0.02 | **1.50** | 0.30 | — | 0.06 | 0.01 | 余量 |
| No. 04 | 0.036 | 0.23 | 0.71 | 0.025 | 0.003 | 0.02 | **3.55** | 0.32 | — | 0.06 | 0.01 | 余量 |

注:加黑数字为典型特征值。

图 3.5 中,与 SPA-H 相比:Ni-0.20 和 Ni-0.42 均由铁素体和少量珠光体组成,珠光体分布不均匀,其电位较高、容易引发点蚀;而 Ni-1.50 和 Ni-3.55 则由铁素体和贝氏体组成,组织均匀,晶粒更细小。随 Ni 含量增加,钢组织更均匀、晶粒细化、珠光体向贝氏体转变,有助于改善钢材的力学性能和降低不均匀腐蚀。

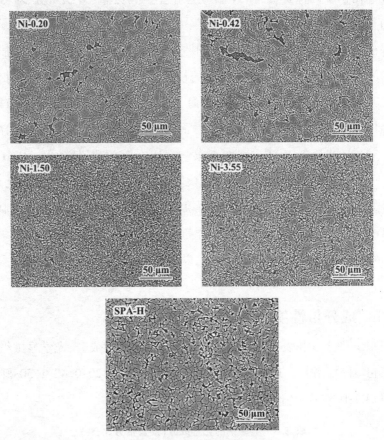

图 3.5　实验钢的光学显微组织

表 3.4 中,随 Ni 含量增加:屈服强度、抗拉强度均升高、断后伸长率稍有波动(受 C 含量的影响更大些),低温冲击功减小,实验钢的强/塑性和低温韧性良好;耐候性指数的预测值增大,但实际耐候性能随服役环境而变化。

表 3.4    实验钢的力学性能和耐候性指数

| 实验钢 | 屈服强度 | 抗拉强度 | 屈强比 | 断后伸长率 | 低温冲击功 | 耐候性指数 | |
|---|---|---|---|---|---|---|---|
| | $R_e$/MPa | $R_m$/MPa | $R_e/R_m$ | $A$/% | −40℃ $A_{KV}$/J | $I$/% | $V$ |
| SPA-H | 355 | — | — | — | — | 10.421 | 1.023 |
| Ni-0.20 | 415 | 495 | 0.838 | 35.6 | 350 | 9.864 | 1.022 |
| Ni-0.42 | 455 | 535 | 0.850 | 32.9 | 318 | 10.410 | 1.048 |
| Ni-1.50 | 510 | 598 | 0.853 | 28.5 | 225 | 14.331 | 1.213 |
| Ni-3.55 | 525 | 640 | 0.820 | 32.8 | 187 | 22.747 | 1.736 |
| 参考值 | 420 | — | 0.85 | ≥19 | ≥120 | ≥6.0 | 0.9~2.5 |

## 3.2.2    腐蚀动力学

图 3.6 为实验钢的腐蚀动力学曲线。随腐蚀时间延长,实验钢的腐蚀深度加深,而腐蚀速率在初期升高后减小。说明钢在初期快速腐蚀并形成锈层,随后环境腐蚀介质逐渐被抑制。

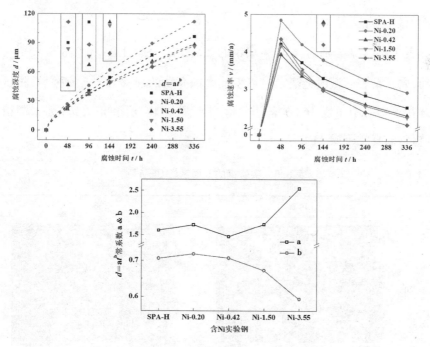

图 3.6    实验钢的腐蚀动力学曲线

Ni≥0.42后,随Ni含量升高,腐蚀速率在前/初期迅速上升,到中后期反而下降、腐蚀深度也随之降低。可见:提高Ni含量会加速初期腐蚀,促使保护性锈层提前形成。设336 h时的SPA-H腐蚀深度为$d_{SPA-H}=1$,则同期含Ni桥梁钢的腐蚀深度分别为:$d_{Ni-0.20}=1.16$、$d_{Ni-0.42}=0.92$、$d_{Ni-1.50}=0.90$、$d_{Ni-3.55}=0.82$,即:随Ni含量提高,桥梁钢的耐腐蚀性能增强。

对腐蚀深度进行幂函数拟合,回归系数均为$r^2>0.997$,常系数a、b示于图3.6。随Ni含量提高,初始单位腐蚀深度$a(t=1,d=a)$先减小(Ni-0.42)后增大,而锈层疏松指数$b(0.5<b<1)$则一直减小,即锈层保护性增强。腐蚀深度在144 h前发生转折,之前主要受初始单位腐蚀深度$a$影响,之后则转由锈层疏松指数$b$主导,而提高Ni含量是降低桥梁钢腐蚀损失的根本原因。

### 3.2.3 锈层结构

表3.5~3.7分别为含Ni桥梁钢的截面锈层SEM、EDS和Raman图谱。腐蚀前,先在钢表面溅射金箔[115],以表征腐蚀介质的迁移方向。腐蚀后,将试样继续在干燥皿中干燥168 h备用。检测前,先镶样、研磨和抛光+无水酒精冲洗,再常温真空干燥24 h。

表3.5　实验钢的截面锈层SEM图

续表3.5

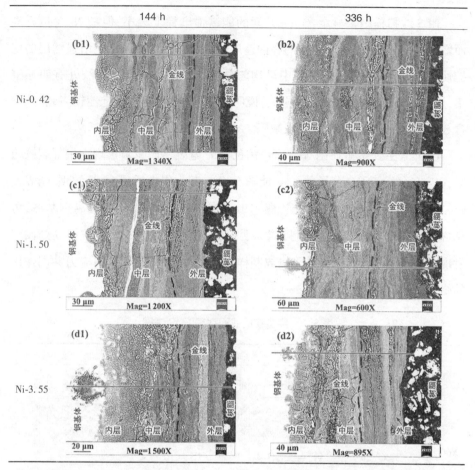

SEM 图显示:含 Ni 桥梁钢的锈层稳定性较好,没有明显的大锈巢,但存在一些裂纹和局部疏松;裂纹主要出现在疏松带,二者常相伴而生,且多与钢基体平行,以钢/锈界面区域最为常见。随 Ni 含量增加,裂纹明显减少,但锈层内部滞留的腐蚀液增多,它们会继续侵蚀钢基体并形成疏松或"锈苞",被抽真空后附着在钢/锈界面区域形成"龟裂"。滞留腐蚀液的存在时间越长,一定程度上说明锈层的致密性越好,但内部锈层的演化时间也相应延长。以金线为界,内、外锈层厚度的比值为 2~5,并随 Ni 含量提高而减小。说明反应介质的向内迁移速率大于向外,而提高 Ni 含量能增强锈层致密性,抑制环境介质向内的渗透。

EDS 线扫描结果显示:O、Fe 元素的能谱强度梯度较小,但随 Ni 含量升高而增大,说明钢在湿热环境中的腐蚀速度很快,而提高 Ni 含量能增强锈层的保护性。Ni 含量较少时,在锈层中呈均匀分布,含量较多时,在裂纹处有明显富集,且多与 S 元素的分布呈正相关,说明含 Ni 腐蚀产物的稳定性较高,能抵御含 S 酸的侵蚀,能帮助修补锈层缺陷。

Cl 元素主要聚集在钢/锈界面"锈苞"和"龟裂"处,少量出现在中部裂纹边缘,Cl⁻ 直径约为 $H_2O$ 分子的 1/4,能随 $H_2O$ 一起入侵内锈层,并导致钢/锈界面疏松;S 元素主要分布在外锈层,偶尔出现在中部裂纹边缘,但远离钢基体,可见含 Ni 锈层对含 S 离子的阻挡能力明显比 Cl⁻ 强[111,112]。大多数裂纹处没有发现 Cl、S 元素聚集,应该是干燥或制样时产生,是外力和锈层内应力共同作用的结果。

表 3.6   实验钢的截面锈层 EDS 谱图

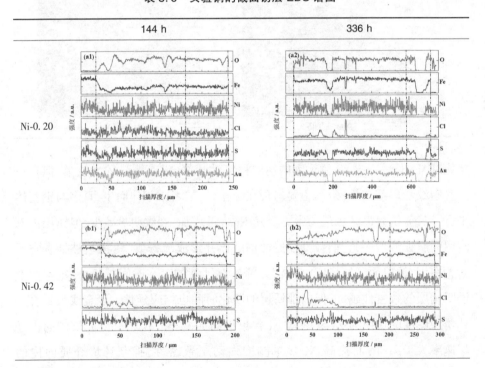

续表3.6

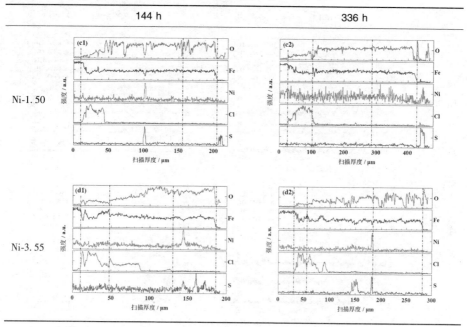

Raman 点分析结果显示,锈层内层、中层和外层的致密区域点均主要由 δ-FeOOH、α-FeOOH、β-FeOOH、γ-FeOOH 和 $Fe_3O_4$ 组成。对常规含 Ni(0.20 ~ 1.50)桥梁钢而言,提高 Ni 含量与延长腐蚀时间共同作用,会抑制腐蚀产物的结晶过程;而高 Ni(~3.55)桥梁钢则仅受 Ni 的强烈抑制。腐蚀产物的晶体转变过程被抑制,带来的体积变化相应减少,有利于改善锈层的致密性。

表 3.7　实验钢的截面锈层 Raman 谱图

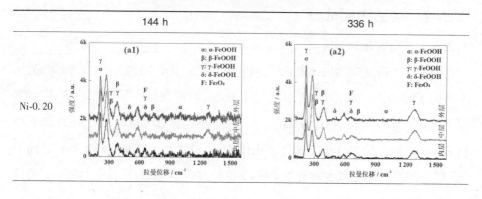

续表3.7

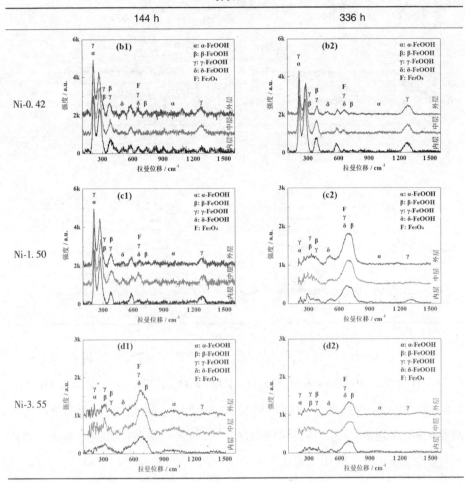

## 3.2.4　铁锈物相成分

### 3.2.4.1　XPS 图谱

图 3.7 为桥梁钢腐蚀 336 h 所得锈层中含 Ni 化合物的 XPS 图谱。测试样本为同 XRD 锈粉，测试结果依次经过扣背底、寻峰和分峰等处理。Ni-0.20 锈层中只有微量的+2 价 NiO，而 Ni-3.55 锈层中不但含有大量的 NiO，还有许多+2 价 NiFe$_2$O$_4$ 尖晶石；NiO 的 2p3/2 面积比 S$_{Ni-3.55}$/S$_{Ni-0.20}$ = 23.98（>17.75），总面积比>76。说明 Ni 含量很少时首先生成+2 价的 NiO，含量较高时则主要以+2 价的

NiO 和 NiFe$_2$O$_4$[97-99] 尖晶石形式存在,其生成量随 Ni 含量上升而成倍增加。

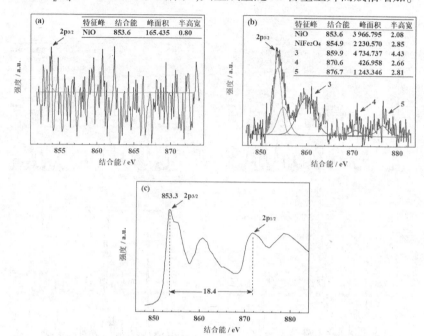

图 3.7　含 Ni 锈晶体的 XPS 图谱(336 h)

(a) Ni-0.20;(b) Ni-3.55;(c) NiO 标准谱线

### 3.2.4.2　XRD 图谱

图 3.8 为实验钢腐蚀 144 和 336 h 所得产物/锈的 XRD 图谱。测试前,先将每种钢的同期全部锈混合,再用玛瑙研钵充分研磨 15 min,之后随机取等量锈粉进行检测。结果显示,锈层主要由非晶物质(如绿锈、δ-FeOOH)和少量晶体 α-FeOOH、β-FeOOH、γ-FeOOH、Fe$_3$O$_4$ 组成,此外还有 NiO 与 NiFe$_2$O$_4$。随腐蚀时间延长,各晶体特征峰有不同程度的升高,说明各晶体含量为非等量增多。对于常规耐候桥梁钢,少量 Ni(≤0.42)即可显著促进腐蚀产物的晶体转变,进而改善锈层稳定性;继续提高 Ni(~1.50)含量对晶体转变的影响不大,甚至在腐蚀前期还有所抑制,并使初期腐蚀速率有所加快(见图 3.6)。高 Ni(~3.55)桥梁钢中,腐蚀产物的晶体转变一直被强烈抑制,与 SPA-H 非常类似,在一定程度上可以减少晶体转变对锈层结构的不利影响;但 Ni-3.55 中 α-FeOOH、

$NiO+NiFe_2O_4$ 的峰值/数量明显高于 SPA-H,是其腐蚀深度损失较低的主要原因。

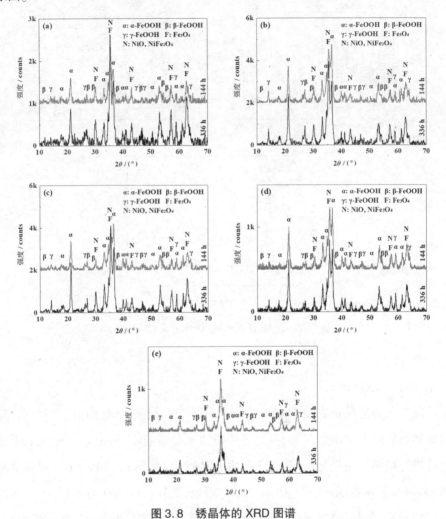

图 3.8　锈晶体的 XRD 图谱

(a)Ni-0.20;(b)Ni-0.42;(c)Ni-1.50;(d)Ni-3.55;(e)SPA-H

## 3.2.5　腐蚀电化学

表 3.8 中 a、b 和 c 分别为实验钢腐蚀前的 Tafel 曲线、Nyquist 图及其等效电路 $R(QR)$。其中,$R_s$、$Q_{dl}$、$R_{ct}$ 分别代表工作电极与参比电极之间的溶液电阻、工作电极表面的双电层电容、电荷转移电阻。

随 Ni 含量升高，裸钢的腐蚀电位 $E_{corr}$ 正移，热力学稳定性提高；容抗弧先增大后减小，顺序为 Ni-0.20<Ni-3.55<Ni-1.50<Ni-0.42，与图 3.6 钢的初期腐蚀顺序成反比，即：钢的阻抗越小，初期平均腐蚀速率越快。阻抗值 $|Z|$ 按式(3.1)计算，$\omega$ 为角频率[116]：

$$|Z| = \sqrt{Z_{real}^2 + Z_{imag}^2} = \frac{R_{ct}}{\sqrt{1+(\omega R_{ct} Q_{dl})^2}} \tag{3.1}$$

$$I_{corr} = E_{corr}/|Z| \tag{3.2}$$

$I_{corr}$ 为裸钢的腐蚀电流，它决定了钢的初始腐蚀速率，并随锈层形成而减小，直到平衡。

表 3.8 中 a1～a4、b1～b4 和 e 分别为实验钢腐蚀后的 Tafel 曲线、Nyquist 图及其等效电路 $R(Q(R(Q(RW))))$。其中，$Q_r$、$R_r$ 和 $Z_w$ 分别表示锈层电容、锈层电阻和 Warburg 扩散阻抗。

表 3.8 实验钢腐蚀前后的电化学图谱

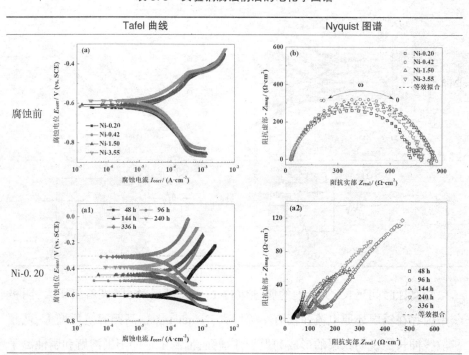

续表3.8

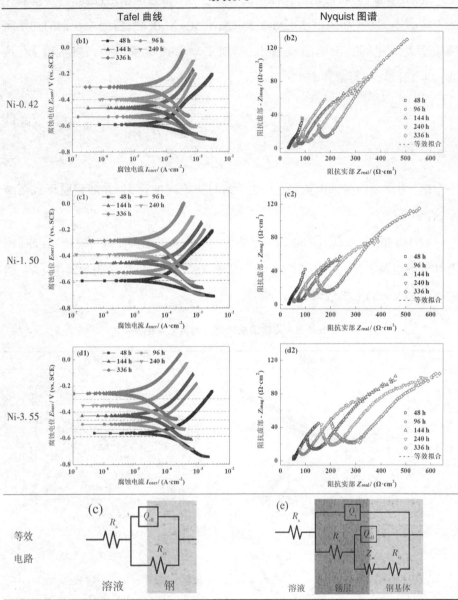

随腐蚀时间延长,实验钢的腐蚀电位 $E_{corr}$ 持续正移,阳极斜率增大,阴极斜率因存在锈层还原电流而仅有小幅增大;Nyquist 图中高频容抗弧增大、低频扩散线伸长。说明锈层的形成和保护性增强,抑制了钢的阳极溶解和腐蚀离子

的传输。而 96 和 144 h 的扩散线均存在一定弧度,即离子的传输过程受到较大阻碍,说明此时的锈层致密性较好。

当 Ni≥0.42,随其含量提高,锈蚀实验钢的腐蚀电位 $E_{corr}$ 稳步上升,而从 Ni-0.42 到 Ni-1.50 的升高幅度较小。Ni-0.20 在 48~144 h 的电位也高于 Ni-0.42,应该是初期快速腐蚀促进锈层较早生成所致;虽然其锈层最厚,但缺陷多、稳定性最差,故电位的波动也最大。同样初期腐蚀较快的 Ni-3.55 桥梁钢,其锈层则展示出了较好的成分稳定性和锈层致密性,Tafel 曲线的阴、阳极斜率变化最小,说明其腐蚀反应在前期就已达到平衡。

对于传统耐候桥梁钢,初期全面、快速腐蚀促进了锈层的快速形成,且致密性较高,表现为 Tafel 阳极斜率明显上升直到腐蚀反应进入一个相对平衡阶段,而 Nyquist 的低频扩散线也在 96~144 h 期间弯向阻抗实部 $Z_{real}$。扩散线的曲率越大,说明锈层的致密性和附着性越好[18]。相对而言,高 Ni(~3.55)桥梁钢在整个腐蚀期间的 Tafel 阴、阳极斜率的变化很小,Nyquist 低频扩散线最长且一直以较大的曲率弯向阻抗实部 $Z_{real}$。说明较高的 Ni 含量可以加速钢的初期腐蚀,并促使保护性锈层较早形成以保护钢基体。以上结果同时说明:高 Ni 桥梁钢的抗腐蚀机理与传统耐候桥梁钢存在明显不同。

## 3.2.6　腐蚀机理

工业尾气长期无节制地排放导致沿海大气中 $SO_2$ 的含量不断升高,$SO_2$ 与 $Cl^-$ 共存的新型大气形势势必会损害桥梁的耐久性。湿热环境[63,67]会促进 $SO_2$ 和 Cl 盐的吸附与电离,加速桥梁钢的腐蚀,危及桥梁的安全。

在腐蚀过程中,$Cl^-$ 不但加速钢的阳极溶解,还会阻止腐蚀产物的吸附,导致锈层疏松[22]。$SO_2$ 能抑制 β-FeOOH 同时促进 α-FeOOH 生成,一定程度上可以降低 $Cl^-$ 对锈层的破坏[117];但含 S 酸同时会侵蚀钢和锈层,导致锈层内部生成锈巢、结构破坏[23,118]。锈层可以抑制环境介质的侵蚀,进而保护钢基体。但普通锈层难以阻止 $SO_2$ 与 $Cl^-$ 的协同侵蚀,其机理描述如下:

$Cl^-$"催化"反应:

$$Fe^{2+}+Cl^-+OH^- \longrightarrow FeOH^++Cl^- \tag{3.3}$$

$SO_2$ "酸化" 反应(水解+氧化):

$$SO_2+H_2O \longrightarrow HSO_3^-+H^+$$

$$2HSO_3^-+O_2 \longrightarrow 2SO_4^{2-}+2H^+ \tag{3.4}$$

含 S 酸侵蚀(钢+锈层)反应:

$$2H^++Fe \longrightarrow Fe^{2+}+H_2\uparrow$$

$$3H^++Fe(OH)_3 \longrightarrow Fe^{3+}+3H_2O$$

$$3H^++\beta/\delta/\gamma\text{-}FeOOH \longrightarrow Fe^{3+}+2H_2O \tag{3.5}$$

$$8H^++Fe_3O_4 \longrightarrow 2Fe^{3+}+Fe^{2+}+4H_2O$$

对于焊接性能要求较高的桥梁钢,添加 Ni 合金并降低 P 含量是常用的做法。因为 Ni 可以同时改善钢材的力学性能和腐蚀性能。它不但能与钢无限固溶,还会促进其他合金元素在钢中的溶解。Ni 在锈层中主要以 +2 价的 NiO 和 $NiFe_2O_4$ 尖晶石形式存在。当 Ni 含量很低(~0.20)时,仅生成少量的 NiO,但能显著促进腐蚀产物的结晶,进而改善锈层的稳定性。随 Ni 含量增加(~0.42),NiO 增多并有 $NiFe_2O_4$ 尖晶石生成,锈层保护性增强;但在常规范围(<1.50)内,它们不足以形成连续的保护膜,必须联合锈层的长时间增厚一起保护钢基体。当 Ni 含量由 0.42 提高到 1.50 时,锈层的成分、结构和电化学性能变化很小,故腐蚀性能的变化也较小。

与传统耐候桥梁钢不同,高性能桥梁钢中较高的 Ni 含量,在腐蚀初期会加速钢的阳极溶解,生成稳定的 Ni 氧化物(NiO 和 $NiFe_2O_4$),并形成连续的保护性锈层,使钢的腐蚀很快达到平衡并长期保持稳定;同时较高的 Ni 含量会强烈抑制腐蚀产物的转变过程,降低体积变化和应力对锈层结构的不利影响。其抗腐蚀机理描述如下:

阳极 Fe、Ni 的溶解反应:

$$Ni \longrightarrow Ni^{2+}+2e, Fe \longrightarrow Fe^{2+}+2e \tag{3.6}$$

阴极 $O_2$ 的还原反应:

$$O_2+2H_2O+4e \longrightarrow 4OH^- \tag{3.7}$$

腐蚀产物的吸附过程：

$$Ni^{2+}+2OH^- \longrightarrow Ni(OH)_2 \downarrow$$

$$Fe^{2+}+2OH^- \longrightarrow Fe(OH)_2 \qquad\qquad (3.8)$$

$$4Fe(OH)_2+O_2+2OH^- \longrightarrow 4Fe(OH)_3 \downarrow$$

干燥期腐蚀产物的转变过程：

$$Ni(OH)_2 \longrightarrow NiO+H_2O$$

$$4Fe(OH)_2+O_2 \longrightarrow 2\gamma\text{-}Fe_2O_3+4H_2O$$

$$Fe(OH)_3 \longrightarrow \delta/\beta/\gamma\text{-}FeOOH+2H_2O \qquad\qquad (3.9)$$

$$\delta/\beta/\gamma\text{-}FeOOH \longrightarrow \alpha\text{-}FeOOH$$

润湿期腐蚀产物的还原反应：

$$8\delta/\beta/\gamma\text{-}FeOOH+Fe^{2+}+2e \longrightarrow 3Fe_3O_4+4H_2O$$

$$8\delta/\beta/\gamma\text{-}FeOOH+Ni^{2+}+2e \longrightarrow NiFe_2O_4+2Fe_3O_4+4H_2O \qquad (3.10)$$

## 3.2.7 小 结

(1)提高 Ni 含量,能促进珠光体向贝氏体转变、细化组织晶粒,改善钢材的力学性能、腐蚀性能,提升其综合性能。

(2)含 Ni 桥梁钢在湿热沿海工业大气中所生锈层,能有效地抑制 $HSO_3^-$ 的侵蚀,但难以阻止 $Cl^-$ 的渗透和传输。

(3)Ni 在钢中的含量很低时,主要生成微量的 NiO,并均匀分布于锈层中;随 Ni 含量增加,$NiFe_2O_4$ 出现,并与 NiO 呈指数增多,它们会在裂纹等锈层缺陷处发生明显聚集。

(4)常规耐候桥梁钢与高 Ni 桥梁钢的抗腐蚀机理存在明显差异。钢中添加少量 Ni($\leqslant$0.42),即可显著促进腐蚀产物的结晶,改善锈层的稳定性和致密性;继续提高 Ni 含量至 1.50,对常规桥梁钢的腐蚀性能影响不大。高 Ni($\sim$3.55)桥梁钢腐蚀后会生成大量的 NiO 和 $NiFe_2O_4$,它们在腐蚀初期便形成连续的氧化层,使钢的腐蚀达到平衡并长期保持稳定;较高的 Ni 含量还能强烈抑制腐蚀产物的转变过程,降低其体积变化和应力对锈层结构的不利影响。

## 3.3 Cu(Ni)在桥梁钢湿热腐蚀中的作用机理

Cu 是人类发现最早和使用最广泛的金属之一,具有良好的金属特性、化学稳定性和耐腐蚀性能[119,120]。含 Cu 耐候钢的发现最早始于 20 世纪初的欧美,Cu 的二次析出还可以提升钢的抗拉强度等。1916 年,美国材料试验学会(ASTM)和英国钢铁协会,为评估含 Cu 钢的大气腐蚀性能,开展了一系列户外暴晒试验。1933 年,美国钢铁公司率先推出了含 Cu 高强度耐候钢——商品名Corten A。随后 Corten B 等系列钢被开发和迅速推广,世界各国纷纷效仿并开展了大量实验研究。结果发现:Cu 与 P 共同作用的耐蚀效果更显著,它们不但生成多种复盐可促进 FeOOH 形核和晶粒细化,还能降低锈层的导电性或电子的传输,但 P 含量较高不利于提高强度和焊接性能,尤其是常温焊接。降低 P含量同时添加 Ni,可以促进 Cu 的固溶强化、降低 Cu 脆危害,同时改善焊接性能,而其腐蚀产物和耐蚀性能还主要受服役环境的影响。对于工业尾气 $SO_2$ 污染的沿海大气新常态,特别是湿热条件下,Cu-Ni 桥梁钢的腐蚀性能和 Cu 的作用机理还不清楚。故本节采用室内湿/干周期腐蚀实验,研究了 Cu 在桥梁钢湿热腐蚀中的作用机理。

### 3.3.1 成分与性能

表 3.9、图 3.9 和表 3.10 分别为 Cu-Ni 实验钢的实测化学成分、光学显微组织、力学性能和耐候性指数。其中,Cu 的含量依次为 0.01、0.32 和 0.77。

表 3.9　实验钢的化学成分(质量百分比,%)

| 实验钢 | C | Si | Mn | P | S | Al | Ni | Cu | Nb | Ti | Fe |
|---|---|---|---|---|---|---|---|---|---|---|---|
| No. 03 | 0.039 | 0.25 | 0.75 | 0.025 | 0.003 | 0.02 | 3.53 | **0.01** | 0.06 | 0.01 | 余量 |
| No. 04 | 0.036 | 0.23 | 0.71 | 0.025 | 0.003 | 0.02 | 3.55 | **0.32** | 0.06 | 0.01 | 余量 |
| No. 05 | 0.040 | 0.25 | 0.75 | 0.025 | 0.003 | 0.02 | 3.50 | **0.77** | 0.06 | 0.01 | 余量 |

注:加黑数字为典型特征值。

图 3.9 显示，Cu-Ni 实验钢均主要由铁素体和粒状贝氏体组成，晶粒大小差别较大，但分布均匀。Cu 含量由 0.01 到 0.32，钢组织和晶粒差异/变化不大；到 0.77 时，钢组织更加均匀、晶粒明显细化、粒状贝氏体增多。可见，含 Ni 实验钢中添加少量 Cu，可改善组织均匀性、细化晶粒、促进贝氏体生成，有助于改善钢材的力学性能，而 Cu 含量超过 0.32 后效果会更明显。

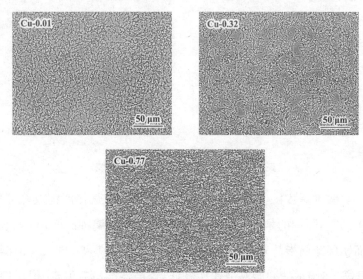

图 3.9　实验钢的光学显微组织

表 3.10 结果显示，随 Cu 含量升高，实验钢的屈服强度、抗拉强度均增大，屈强比、断后伸长率和低温冲击功均减小，但仍处于参考范围，综合力学性能良好；耐候性指数的预测值均匀/等比例增大，而实际值则由服役环境而定。

表 3.10　实验钢的力学性能和耐候性指数

| 实验钢 | 屈服强度 $R_e$/MPa | 抗拉强度 $R_m$/MPa | 屈强比 $R_e/R_m$ | 断后伸长率 $A$/% | 低温冲击功 $-40{}^{\circ}\text{C}\ A_{KV}$/J | 耐候性指数 $I$/% | $V$ |
|---|---|---|---|---|---|---|---|
| Cu-0.01 | 516 | 622 | 0.830 | 29.4 | 199 | 14.750 | 1.678 |
| Cu-0.32 | 525 | 640 | 0.820 | 27.3 | 187 | 22.747 | 1.736 |
| Cu-0.77 | 550 | 675 | 0.815 | 25.8 | 173 | 34.010 | 1.806 |
| 参考值 | 510 | — | 0.85 | ≥19 | ≥120 | ≥6.0 | 0.9~2.5 |

### 3.3.2　腐蚀动力学

图 3.10 为实验钢的腐蚀动力学曲线。随腐蚀时间延长,实验钢的腐蚀深度加深,腐蚀速率则在初期升高后减小。说明钢在初期全面/快速腐蚀后形成了保护性锈层,抑制环境介质侵蚀的能力逐渐增强。

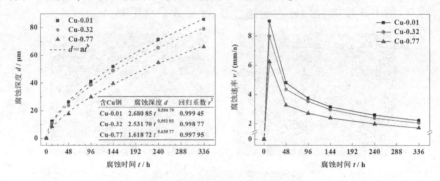

图 3.10　实验钢的腐蚀动力学曲线

同样地,腐蚀深度随时间演化趋势与幂函数分布规律匹配较好,回归系数均为 $r^2 > 0.997$。不同的是,随 Cu 含量升高,初始单位腐蚀深度 $a(t=1, d=a)$ 持续减小,而锈层疏松指数 $b$ 则先小幅减小后增大,数值为 $0.59 < b < 0.64$。即随 Cu 含量升高,实验钢的初始腐蚀速率降低;锈层性能虽有波动,但保护性总体增强,腐蚀深度损失明显降低。这得益于化学稳定性较高的 Ni 和 Cu。Cu 含量由 0.01 升高到 0.32 时,实验钢的腐蚀深度仅有小幅降低,到 0.77 后则明显下降,降幅超过 Cu 含量差的比值 1.5。即 Cu 含量超过 0.32 后,含 Ni 钢的耐蚀性会有明显改善。设 336 h 时 Cu-0.01 的腐蚀速率为 $d_{0.01} = 1$,则同期 Cu-0.32 和 Cu-0.77 的腐蚀速率分别为:$d_{0.32} = 0.92$、$d_{0.77} = 0.836$。即在湿热条件下,Cu 含量较高的实验钢将以较低的腐蚀速率继续保持耐蚀性优势。

### 3.3.3　锈层形貌与结构

表 3.11 为腐蚀 144 和 336 h 的 Cu-0.01 锈层表面 SEM 形貌及 EDS 特征点分析结果。其中:1、6 为疏松区域点,2、7 为疏松边缘点,3、8 分别为表层未/已脱落区致密点,4、9 为未/已脱落区裂纹边缘点,5、10 为表层局部脱落点。

表 3.11 Cu-0.01 锈层形貌

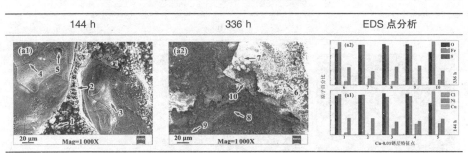

| 144 h | 336 h | EDS 点分析 |
| --- | --- | --- |

湿热工业海洋大气中,Cu-0.01 腐蚀锈层的表面可分为疏松、致密、脱落和裂纹等区。表层疏松和致密区分别为 $Cl^-$ 破坏腐蚀产物吸附和 $HSO_3^-$ 抑制 $Cl^-$ 破坏作用的结果,内层致密区主要为含 Ni 矿物改善锈层稳定/致密性所致。随腐蚀时间延长,表层逐渐脱落,内层转变为外层。锈层大部分区域内 O 原子百分含量高于 Fe,但表层脱落区 5、10 和疏松区 1、6 却相反,可能残留了较多的 $FeCl_3$ 等。裂纹是锈层内腐蚀转变应力在干燥过程中突然释放的结果,又是锈层脱落的主要驱动力。随锈层增厚,内应力引发的裂纹尺寸会增大,而富集在裂纹边缘的含 Ni 矿物也增多,以阻止裂纹被侵蚀扩大。另外,所有特征点均没有发现 S 和 Cu,一定程度上反映高 Ni 耐候钢对含 S 酸有较强的阻滞能力。

表 3.12 为 Cu-0.32 锈层的 SEM 形貌、结构与 EDS 线分析。同样表面锈层可分为疏松、致密与裂纹等,只是疏松层比同期 Cu-0.01 更浅薄、黏附性更好。锈层结构由内到外的密/疏放射状不明显,但整体致密性较好,也存在许多小裂纹和局部疏松,金线内/外锈层厚度比稍有增大(不计锈芽)。钢/锈界面锈芽、疏松区和裂纹处都有较多的 Cl 分布,S 偶尔出现在中/外部较大裂纹处。裂纹和疏松区域还有 Cu 和 Ni 的富集,而 Cu 明显多于 Ni。以上说明,湿热沿海工业大气中,钢的腐蚀速率很快;添加 Cu 和 Ni 均能明显改善锈层的稳定性,而 Cu 在裂纹和局部疏松等缺陷处的效果更突出;含 Cu/Ni 锈层能很好地抑制含 S 酸的侵蚀,但阻挡 $Cl^-$ 的能力较差;$Cl^-$ 依然能穿透锈层侵蚀钢基体,导致钢/锈界面局部疏松。

表 3.12　Cu-0.32 锈层的形貌与结构

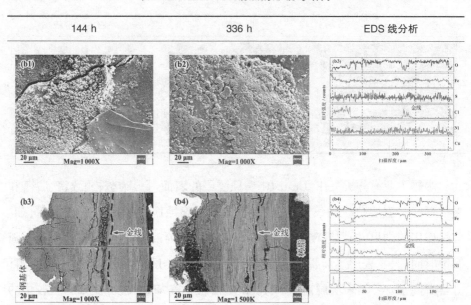

| 144 h | 336 h | EDS 线分析 |
| --- | --- | --- |

表 3.13 为 Cu-0.77 锈层演化的 SEM 形貌。随腐蚀时间延长,锈层表面疏松和脱落明显减少,致密性显著增强。随 Cu 含量升高,同期 144 h 和 336 h 锈层的致密性明显改善,依然存在裂纹但边缘更齐整,应该是锈层内应力极限值增大导致。对比分析了 48 与 240 h、144 与 336 h 的类似特征点,EDS 结果示于表 3.14。

表 3.13　Cu-0.77 锈层形貌

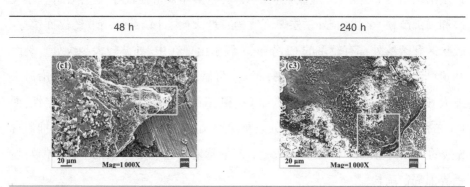

| 48 h | 240 h |
| --- | --- |

续表3.13

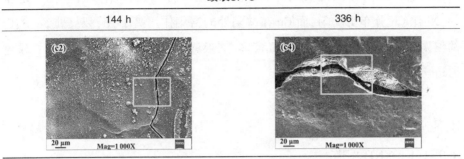

| 144 h | 336 h |
|---|---|

表 3.14 Cu-0.77 锈层形貌特征

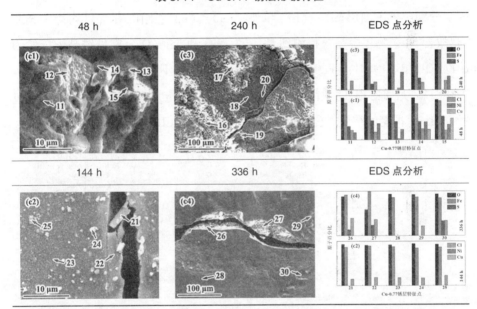

| 48 h | 240 h | EDS 点分析 |
|---|---|---|
| 144 h | 336 h | EDS 点分析 |

表 3.14 中,沿纵深方向的致密点 11、12、13 与 16、17、18,疏松边缘 14、15,裂纹边缘 19、20 与 21、22,浮锈颗粒 24、25,表层致密或缺陷点 23 与 28、29、30 等均显示,O 原子百分比高于 Fe,而在裂纹内侧 26、27 则相反;S 主要存在于外锈层形成初期 c1 和局部缺陷处 19、26、27、30,而 Cl 几乎遍布于各期、各处;Ni 在锈层形成初期、致密区和裂纹边缘分布明显,Cu 则主要在疏松小巢边缘 14、15 处偏聚。

综上可知,随 Cu 含量增加,锈层稳定/致密性增强,能很好地抑制含 S 酸的侵蚀,但对 $Cl^-$ 的阻挡能力较差;Ni 和 Cu 在改善锈层性能方面存在一定差异,Ni 比 Cu 分布更均匀,而 Cu 在缺陷处的富集作用高于 Ni;裂纹处 Fe、S、Cl 的偏聚较多,说明腐蚀粒子残留较多/交换频繁,或裂纹为腐蚀提供了绿色通道。

### 3.3.4  铁锈物相成分

#### 3.3.4.1  XRD 图谱

图 3.11 为实验钢 C&S 腐蚀产物/锈的 XRD 图谱。其中:Cu-0.01 和 Cu-0.77 锈层分别分析了内层(a1)、(b1)和外层(a2)、(b2);钢中 Ni 含量均为 3.5 左右,故含 Ni 矿物很容易被检测到,主要为 NiO 和 $NiFe_2O_4$。常见锈晶体依然为 $\alpha$-FeOOH、$\beta$-FeOOH、$\gamma$-FeOOH 和 $Fe_3O_4$,种类变化不大,但峰高/结晶度/数量变化明显,尤其是 $Cl^-$ 的载体 $\beta$-FeOOH 此时只有微量,为 $Cl^-$ 破坏锈颗粒吸附过程被 $HSO_3^-$ 抑制的结果。含 Cu 矿物只有微量的 $Cu_2Cl(OH)_3$ 和 $Cu_4SO_4(OH)_6$。

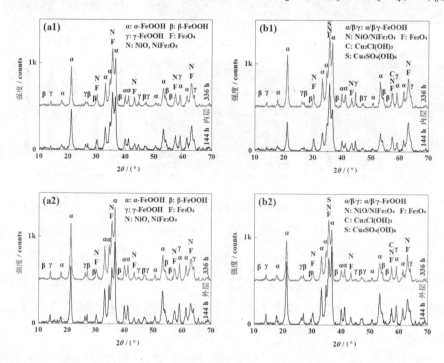

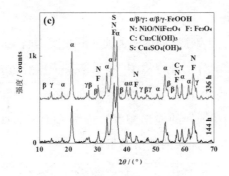

**图 3.11 锈晶体的 XRD 图谱**

(a)Cu-0.01；(b)Cu-0.77；(c)Cu-0.32

Cu-0.01 主要受 Ni 的影响，其锈层中含 Ni 矿物的峰高基本恒定。除此之外，其他锈晶体的峰高随时间的变化不大，即 Ni 会抑制锈晶体的转变过程；而同期外层中 α-FeOOH 的峰高明显高于内层，即 α-FeOOH 在主体锈层中所占比例高于新生内层，是改善锈层稳定/致密性的主要因素。

Cu-0.32 同时受 Ni 和 Cu 的影响，其锈晶体的峰高在 144 h 时稍有降低，336 h 时又有所升高，即前期非晶锈的比例较多，后期晶体锈的比例较高；Cu 会抑制初期腐蚀产物的结晶，但随腐蚀时间延长，或锈层致密性改善，其抑制作用会减弱。

随腐蚀时间延长，Cu-0.77 内层锈晶体峰升高，外层锈晶体峰降低，均以 α-FeOOH 峰最为显著，说明内层稳定/致密性增强，而外层的锈晶体转变过程趋于稳定后再次表现为 Ni 的影响结果。144 h 时的内层 α-FeOOH 峰高明显低于外层，那时外层的致密性高于内层，但裂纹较多，Cu 在裂纹等缺陷处富集/修复的作用突显；336 h 时的内层 α-FeOOH 峰高明显高于外层，且与 144 h 外层相似，即 Cu 的富集/修复作用显著改善了内层的稳定性。

综上分析，Cu 对腐蚀产物的结晶会产生一定抑制，其主要作用是富集于裂纹等缺陷处提高锈层的自修复能力；并且在锈层缺陷较多时会很突出，如前期的外锈层和后期的内锈层，有助于改善锈层的稳定/致密性，提高钢材的抗湿热腐蚀性能。

### 3.3.4.2 XPS 图谱

图 3.12 为 Cu-0.32 钢湿热 C&S 腐蚀 336 h 所得含 Cu 铁锈的 XPS 图谱。对 4 个不同的锈粉样本分别进行检测,所示结果依次经过扣背底、寻峰和分峰等处理。因 Cu 含量低于 1,故检测到的含 Cu 矿物特征峰的主峰较少,而卫星峰和小峰较多。已知特征峰的检出频率顺序为 $CuO>Cu_2O \geqslant CuCl_2>CuSO_4$,可大致认为是含 Cu 矿物干燥后的残留数量顺序。

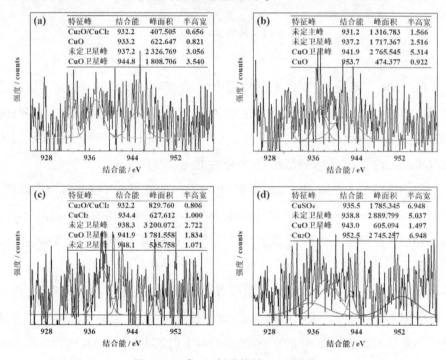

图 3.12　含 Cu 锈晶体的 XPS 图谱

## 3.3.5　腐蚀电化学

图 3.13 为含 Cu 实验钢的电化学测试结果,包括 Tafel 极化曲线、Nyquist 交流阻抗及相应的等效电路图。Cu 的化学稳定性高于 Fe,但其电阻率低、导电性很好,故随 Cu 含量升高,裸钢的腐蚀电位上升,但电化学阻抗减小。由式(3.2)知,腐蚀电位(差)越大、电阻越小,则腐蚀电流越大,即腐蚀速率越快。故含 Cu 量越高,裸钢的初始腐蚀电流越大,瞬时腐蚀速率也越快。

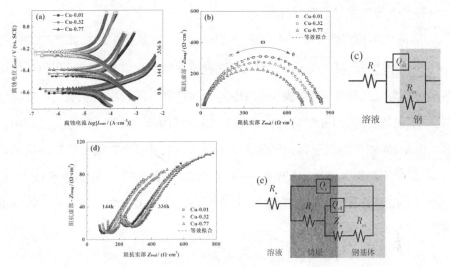

图 3.13　实验钢腐蚀前后的电化学图谱

随腐蚀时间延长,腐蚀产物锈吸附在钢表面并形成锈层,阻滞了腐蚀介质与钢基体的直接/大量接触。电化学结果显示,随 Cu 含量升高或腐蚀时间延长,带锈钢的腐蚀电位和电阻均增大,阳极腐蚀电流明显减小,而阴极斜率变化不大。说明随腐蚀时间延长,锈层保护性增强,而含 Cu 较高的锈层,保护性更好。Cu 锈矿物的颗粒细密,而且化学稳定性高于 Fe 锈,不但能改善锈层的稳定性和致密性,还能在小裂纹等缺陷处富集,帮助修复锈层结构。

## 3.3.6　腐蚀机理

大气湿度和腐蚀介质是影响桥梁钢腐蚀的重要环境因素。随着锈层形成并阻止钢基体与环境的直接接触,大气中的水分和腐蚀介质所形成的腐蚀液,会渗透进锈层,成为加速钢基体腐蚀的主要因素。当大气相对湿度超过 80%,钢的腐蚀速率会明显加快。

Cu 的化学稳定性高于 Fe,但当环境湿度达到 90% 以上,其腐蚀速率也会明显上升,并生成"铜绿",即 Cu 锈。与 Fe 锈相比,Cu 锈的颗粒更细小、化学稳定性更好、黏附性更强,初级"铜绿"薄层即可有效阻止环境介质的侵蚀,尤其在湿热环境中的防护性能则更为突出。因此,在桥梁钢中添加 Cu 合金,可以改善其耐湿热大气的腐蚀性能。

Cu 的化学稳定性介于 $Fe^{2+}$ 与 $Fe^{3+}$ 之间,故 Cu 在铁锈中的腐蚀产物主要是 CuO 和 $Cu_2O$,除此之外是 Cu 与大气腐蚀介质生成的少量复合物。在 $SO_2$ 污染的湿热沿海大气环境中,液膜中的 $HSO_3^-$ 和 $Cl^-$ 会不同程度地被含 Cu 锈层抑制,并生成相应的含 Cu 复合物,如 $CuCl_2$、$Cu_2Cl(OH)_3$、$CuSO_4$ 和 $Cu_4SO_4(OH)_6$ 等。由于 Cu 锈矿物自身特性明显优于 Fe 锈矿物,并且会在裂纹等锈层缺陷处富集,故能抵制绝大多数 $HSO_3^-$ 的入侵,同时对小粒径 $Cl^-$ 的抑制也有改善;相应地,Cu 在致密锈层中残留的含 Cl 复合物多于含 S 复合物。含 Cu 铁锈的抗腐蚀机理大致描述如下:

Fe 和 Cu 的自腐蚀反应:

$$H_2O \longrightarrow H^+ + OH^-, O_2 + 2H_2O + 4e^- \longrightarrow 4OH^-$$

$$Fe \longrightarrow Fe^{2+} + 2e^-, Fe^{2+} \longrightarrow Fe^{3+} + e^-$$

$$Fe^{3+} + 3OH^- \longrightarrow Fe(OH)_3 \downarrow \longrightarrow FeOOH + H_2O \quad (3.11)$$

$$2Cu + 3Fe^{3+} \longrightarrow Cu^{2+} + Cu^+ + 3Fe^{2+}$$

$$Cu^{2+} + 2Cu^+ + 4OH^- \longrightarrow CuO + Cu_2O + 2H_2O$$

腐蚀初期、锈层裂纹和疏松等缺陷处,$Cl^-$ 的催化与 $HSO_3^-$ 的侵蚀反应:

$$SO_2 + H_2O \longrightarrow H^+ + HSO_3^-, 2HSO_3^- + O_2 \longrightarrow 2H^+ + 2SO_4^{2-}$$

$$2H^+ + Fe \longrightarrow Fe^{2+} + H_2 \uparrow, SO_4^{2-} + Fe^{2+} \longrightarrow FeSO_4$$

$$Cl^- + Fe^{2+} + OH^- \longrightarrow FeOH^+ + Cl^-$$

$$2xH^+ + Cu_xO + \frac{x-1}{2}O_2 \longrightarrow xCu^{2+} + xH_2O \quad (3.12)$$

$$2SO_4^{2-} + 5Cu^{2+} + 6OH^- \longrightarrow Cu_4SO_4(OH)_6 + CuSO_4 \downarrow$$

$$3Cl^- + 3Cu^{2+} + 3OH^- \longrightarrow Cu_2Cl(OH)_3 + CuCl_2$$

在 45 ℃ 的干燥期,部分含 Cu 复合物可能会脱水:

$$Cu_4SO_4(OH)_6 \longrightarrow 3CuO + CuSO_4 + 3H_2O$$

$$2Cu_2Cl(OH)_3 \longrightarrow 3CuO + CuCl_2 + 3H_2O \quad (3.13)$$

### 3.3.7　小　结

（1）高 Ni 桥梁钢中添加 Cu，会进一步促进粒状贝氏体生成、细化组织晶粒，提升钢材的力学性能、腐蚀性能等综合性能（常温可焊参数良好）。

（2）Cu 能加速钢材的瞬时腐蚀，并生成细小且稳定的化合物来改善锈层的稳定性、黏附性和致密性；其在裂纹等缺陷处的富集明显高于 Ni，有助于改善锈层的自修复能力。当 Cu 含量超过 0.32 后，高 Ni 桥梁钢抵抗湿热沿海工业大气腐蚀的性能会有更大幅度提升。

（3）Cu 在锈层中的赋存形式有 $CuO$、$Cu_2O$、$CuCl_2$、$CuSO_4$、$Cu_2Cl(OH)_3$ 和 $Cu_4SO_4(OH)_6$ 等。

## 3.4　Cr-Mo 在桥梁钢湿热腐蚀中的作用机理

Cr 在大气中能快速氧化，形成稳定且致密的钝化膜，这点类似于 Al。钝化膜的附着性、耐腐蚀性、耐磨性和耐热性均很好，在弱酸、碱、盐中的稳定性也较好。因此，Cr 常被用于钢的镀层以保护基体免遭腐蚀，也常以合金形式添加到钢中以改善钢的组织和性能等。

Mo 的韧性、耐蚀性和耐磨性都很好，常被用于合金中以改善金属的性能。其在常温的空气、水中稳定性均很好，但随氧气浓度升高而易发生氧化反应；其氧化物的化合价较容易改变，常温下多以中间价态形式存在。

虽然 Cr 与 Mo 在常温、高温、高湿的大气较为稳定，也有一定的抗弱酸、碱、盐腐蚀的性能，但在 $Cl^-$ 和 $SO_2$ 共存的湿热大气中的耐蚀性还不清楚，为此设计本节实验以验证其环境适用性。

### 3.4.1　成分与性能

表 3.15、图 3.14 和表 3.16 分别为 Cr-Mo 实验钢的实测化学成分、光学显微组织、力学性能和耐候性指数。Cr、Mo 先后加入，含量分别为 0.45 和 0.16。

表3.15　桥梁钢的化学成分(质量百分比,%)

| 桥梁钢 | C | Si | Mn | P | S | Al | Ni | Cu | Cr | Mo | Nb | Ti |
|---|---|---|---|---|---|---|---|---|---|---|---|---|
| No. 00 | 0.035 | 0.25 | 0.75 | 0.025 | 0.003 | 0.02 | 0.20 | 0.32 | — | — | 0.06 | 0.01 |
| No. 09 | 0.040 | 0.24 | 0.75 | 0.025 | 0.003 | 0.02 | 0.22 | 0.30 | **0.45** | — | 0.06 | 0.01 |
| No. 06 | 0.036 | 0.21 | 0.73 | 0.025 | 0.003 | 0.02 | 0.22 | 0.31 | **0.45** | **0.16** | 0.06 | 0.01 |

图3.14所示,基础钢Cr0-Mo0主要由铁素体组成,还有少量珠光体和微量贝氏体组织;添加0.45 Cr后的Cr-Mo0钢主要由铁素体和贝氏体组成,组织晶粒较前细小、贝氏体含量显著增加;继续添加0.16 Mo后的Cr-Mo钢仍由铁素体和贝氏体组成,组织均匀性更好,贝氏体晶粒更细小。珠光体向贝氏体转变、组织均匀、晶粒细化,均有利于改善钢材的强度和韧性,降低局部点蚀概率。

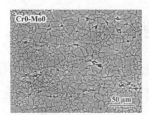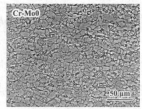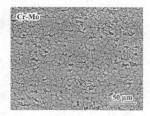

图3.14　实验钢的光学显微组织

表3.16显示,添加Cr后,钢的抗拉强度大幅提升、屈强比下降,低温冲击功大幅下降,但仍明显高于参考范围的下限;继续添加Mo后,钢的强度小幅升高,断后伸长率和低温冲击功也有一定回升;两个耐候性指数的预测值均显示,添加Cr和Mo均有利于改善钢材的耐候性,而Mo比Cr更好,具体还应根据服役环境评估。

表3.16　实验钢的力学性能和耐候性指数

| 实验钢 | 屈服强度 | 抗拉强度 | 屈强比 | 断后伸长率 | 低温冲击功 | 耐候性指数 | |
|---|---|---|---|---|---|---|---|
| | $R_e$/MPa | $R_m$/MPa | $R_e/R_m$ | $A$/% | −40℃ $A_{KV}$/J | $I$/% | $V$ |
| Cr0-Mo0 | 415 | 495 | 0.838 | 35.6 | 350 | 9.864 | 1.022 |
| Cr-Mo0 | 418 | 534 | 0.783 | 31.4 | 267 | 9.951 | 1.023 |
| Cr-Mo | 423 | 542 | 0.780 | 34.6 | 280 | 10.164 | 1.073 |
| 参考值 | 420 | — | 0.85 | ≥19 | ≥120 | ≥6.0 | 0.9~2.5 |

## 3.4.2　腐蚀动力学

图 3.15 所示为实验钢的腐蚀动力学曲线。随腐蚀时间延长,实验钢的腐蚀深度均增加,腐蚀速率在初期达到极大值后持续减小。相继添加 Cr 与 Mo 之后,实验钢的腐蚀深度损失和腐蚀速率连续下降,Cr 与 Mo 在改善钢材耐湿热腐蚀性能的作用是明显的。

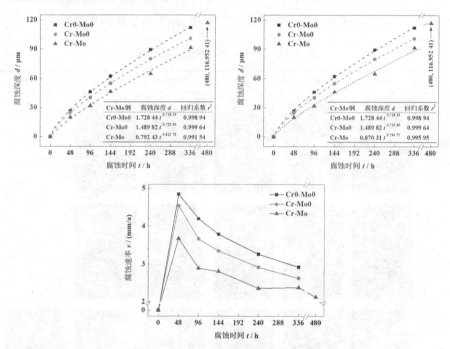

**图 3.15　实验钢的腐蚀动力学曲线**

实验钢的腐蚀深度损失曲线均遵循幂函数分布规律。同比 Cr-Mo 钢腐蚀曲线的波动相对较大,以腐蚀速率最为明显,降低幅度呈现出"大—小—大—小"的趋势,暗示锈层结构的变化规律为"缺陷—修复—小缺陷—再修复"。延长腐蚀至 480 h,所得深度数据点为(480,116.952 41)。将其纳入拟合所用数据前后,所得幂函数方程发生了明显变化。初始单位腐蚀量 a 由 0.792 43 增大到 0.870 31,锈层疏松指数由 0.812 78 减小为 0.794 75,即锈层致密性更好。再次说明,实验数据点的设置和分布会影响拟合方程的参数,进而影响对钢材寿命的评估。

### 3.4.3　钢基体形貌

表 3.17 为实验钢腐蚀不同时间的基体形貌特征。随腐蚀时间延长,钢基体的腐蚀坑增多、增大、加深,而中下部腐蚀坑的尺寸明显超过上部和底部,为腐蚀液膜在重力、试验周期等综合作用下加剧腐蚀的结果;锈层的形状演化顺序为:细粉→粗粒 & 薄酥片→厚硬片。锈层质地越厚、越硬,反而容易引发较大裂纹产生,为腐蚀液的滞留和腐蚀提供条件,加速钢基体的局部腐蚀。

表 3.17　Cr-Mo 钢的基体腐蚀特征

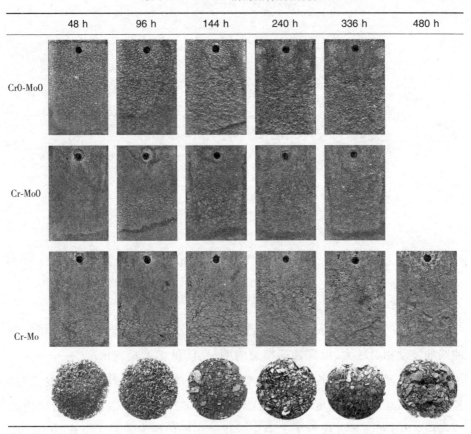

对比三种钢基体的腐蚀形貌发现,同期腐蚀坑的大小和数量均遵循相似的规律,即 Cr0-Mo0>Cr-Mo>Cr-Mo0。与三种钢组织中铁素体的比例顺序是相同的,铁素体的电位低于贝氏体和珠光体,在腐蚀中做阳极先被溶解;但后二者顺

序与腐蚀深度损失是相反的,同时也说明单纯腐蚀形貌呈现的结果是片面的,而 Mo 及其氧化物改善锈层稳定性、降低钢基体腐蚀损失的作用是显而易见的。

## 3.4.4 铁锈物相成分

### 3.4.4.1 XRD 图谱

图 3.16 为铁锈成分的 XRD 图谱。锈晶体成分主要由 $\alpha$-FeOOH、$\beta$-FeOOH、$\gamma$-FeOOH 和 $Fe_3O_4$ 等组成,晶体峰的高度/结晶度/数量(比例)发生了显著改变。添加 0.45 的 Cr 后,同期锈晶体峰的高度明显升高至添加前的 2 倍,以 $\alpha$-FeOOH 和 $Fe_3O_4$ 最为明显;继续添加 0.16 的 Mo 后,同期晶体峰的高度显著下降至添加前的 20% 以下,即 Mo 强烈地抑制了腐蚀产物的晶体转变过程。而延长腐蚀至 480 h 所得锈晶体的 XRD 图谱,同样证实了 Mo 抑制晶体转变的作用。

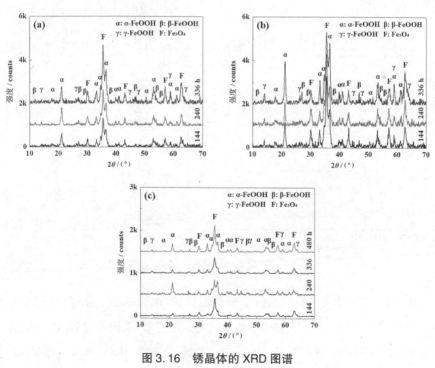

图 3.16 锈晶体的 XRD 图谱

(a) Cr0-Mo0;(b) Cr-Mo0;(c) Cr-Mo

α-FeOOH 和 Fe₃O₄ 晶体数量增加,有助于改善锈层的稳定性和致密性;而腐蚀产物的转变过程被强烈抑制,可以减少锈层内部的体积变化,降低裂纹等缺陷产生的概率和数量,同样有助于改善锈层的致密性。

### 3.4.4.2 XPS 图谱

图 3.17 为 336 h 腐蚀产物中含 Cr、Mo 锈晶体的 XPS 图谱及其标准图谱。结果显示:Cr 在锈层中主要以 $FeCr_2O_4$、$MnCr_2O_4$ 和 $Cr_2O_3$ 的形式存在,为锈层的稳定性提供了保障;同时还有少量的 Cr 和 $Cr_3C_2$,可能是腐蚀速度过快导致它们保留了在钢中的原始状态,也为形成 $Cr_2O_3$ 保护膜和保持锈层自修复性能提供了资源保障。

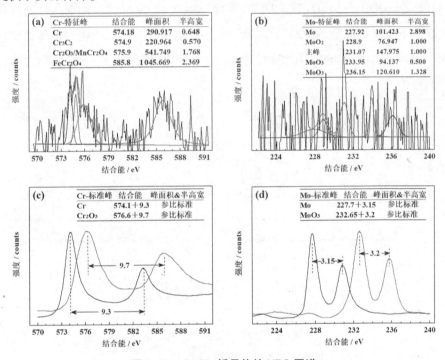

图 3.17 Cr-Mo 锈晶体的 XPS 图谱

Mo 的含量只有 0.16,故其特征峰值很低、峰面积很小。分峰所得 Mo 在铁锈中的赋存形式有 $MoO_3$、$MoO_2$ 和 Mo 等,而主要特征峰 231.07 eV 介于 231.00 eV 的 $MoCl_5$ 与 231.10 eV 的 Mo 之间,可能为 $MoO_2$ 或 Mo 与 $MoCl_5$ 的混合物。各种价态共存的形式,在一定程度上反映了 Mo 及其化合物在大气腐蚀过程中的稳定性较高,有助于改善锈层的保护性。

## 3.4.5 腐蚀机理

湿热 C&S 大气中,钢的润湿时间延长、腐蚀速率加快。锈层缺陷与锈层自修复能力的交互作用,在一定程度上延长了腐蚀液的滞留和侵蚀时间,随后又阶段性地抑制。故随锈层保护性增强,腐蚀速率呈现出幅度递减的波动下降趋势。

添加少量 Cr、Mo 均能明显改善钢的耐腐蚀性能,但二者的赋存形式和化合价态存在明显异同,反映出其耐蚀机理有较大差异。

Cr 在钢中的溶解度很大,常常以碳化物、氮化物等形式存在,也有微量的固溶体。在局部(裂纹等缺陷)腐蚀速率较大且有锈层保护的前提下,可能会有微量 $Cr$、$Cr_3C_2$ 由钢中转入内锈层,腐蚀后有助于改善锈层的自修复能力。Cr 在大气中会快速氧化并形成致密的钝化膜,其腐蚀电位低于 Fe 且会优先腐蚀,还可与其他金属氧化物形成复合氧化物,如 $Cr_2O_3$、$MnCr_2O_4$ 和 $FeCr_2O_4$,复合氧化物具有类似反尖晶石结构,有助于改善锈层的稳定性。Cr 的腐蚀机理可描述为:

$$Cr \longrightarrow Cr^{3+}+3e^-, 4Cr+3O_2 \longrightarrow 2Cr_2O_3$$

$$2H^++2e^- \longrightarrow H_2\uparrow, O_2+4e^-+2H_2O \longrightarrow 4OH^-$$

$$2Cr^{3+}+8OH^-+Fe^{2+} \longrightarrow FeCr_2O_4+4H_2O$$

$$2Cr^{3+}+8OH^-+Mn^{2+} \longrightarrow MnCr_2O_4+4H_2O$$

$$(3.14)$$

Mo 在空气等多种介质中可以保持较高的稳定性,常以氧化物形式被加入钢中,可以改善钢的韧性、耐蚀性等多种性能。Mo 最常见的存在形式为 $MoO_3$ 和 $MoO_2$,它们均能改善锈层在部分恶劣条件下的稳定性。$MoO_3$ 呈现酸性,微溶于水、易溶于碱金属溶液。$MoO_2$ 却呈现碱性,高温条件下可分解为 $MoO_3$ 和 Mo,常温条件下可溶于水和酸。因此 Mo、微量 $MoCl_5$ 可能是 $MoO_2$ 在特定条件下的产物。Mo 的腐蚀机理可描述为:

$$MoO_2 \xrightarrow{\text{特殊}} MoO_3 + Mo$$

$$MoO_2 + 2H_2O \longrightarrow Mo^{4+} + 4OH^-$$

$$Mo^{4+} \longrightarrow Mo^{5+} + e^-$$

$$Mo^{5+} + 5Cl^- \longrightarrow MoCl_5 \qquad (3.15)$$

$$MoO_3 + H_2O \longrightarrow 2H^+ + MoO_4^{2-}$$

$$MoO_4^{2-} + M^{2+} \longrightarrow MMoO_4$$

### 3.4.6　小　结

（1）Cr 显著抑制珠光体并促进贝氏体生成，提升钢的抗拉强度并缓解局部腐蚀；Mo 能细化贝氏体晶粒，一定程度上增加铁素体比例并改善钢的韧塑性。

（2）湿热 C&S 条件下，添加少量 Cr 与 Mo 均能明显改善钢的耐腐蚀性能；它们均以多种价态赋存在锈层中，主要改善锈层的稳定性。

（3）随腐蚀时间延长，腐蚀深度的拟合（幂函数）方程呈现出向稳定化转变的特征；而腐蚀速率则呈现出幅度递减的波动下降趋势。

## 3.5　Mn(CrMo)在桥梁钢湿热腐蚀中的作用机理

Mn 在炼钢中的主要作用有：脱 O、脱 S、合金化。其化学活性比 Fe 活泼，在钢液中可以与 FeO 形成不溶的氧化渣，上浮于钢水表面而除去。Mn 脱氧产物 MnO 还可以与钢中 SiO$_2$、Al$_2$O$_3$ 等形成低熔点化合物，促进后者上浮排除，以增强 Si 和 Al 的脱氧能力。Mn 与 S 的亲和力大于 Fe 与 S，常常在钢水中加入 Mn 生成高熔点的 MnS 而转入渣中排除，以降低 S 对钢材性能的损害，如热脆性。Mn 可以强化铁素体组织并细化珠光体晶粒，常用作合金元素以提高钢的力学强度、淬透性、硬度和耐磨性等。Mn 在耐候钢中常作为协同元素发挥作用，其对腐蚀性能的单独影响仍未有定论，而在新型沿海工业大气（C&S）中的腐蚀行为亦未见报道。为此，本节在固定 CrMoCu 等元素含量的基础上，主要考察湿热 C&S 条件下 Mn 对钢材耐蚀性的影响,以为桥梁钢的设计和选材提供理论支撑。

### 3.5.1 成分与性能

表 3.18、图 3.18 和表 3.19 分别为 Mn(CrMo)桥梁钢的实测化学成分、光学显微组织、力学性能和耐候性指数。其中,Mn 含量梯度为 0.73、1.06 和 1.43。图 3.18 中,钢组织均由铁素体和贝氏体组成,这是 Cr、Mo 提高过冷奥氏体稳定性、促进贝氏体生成的结果。随 Mn 含量增加,晶粒明显细化,组织分布更均匀,有利于提高钢的力学强度。

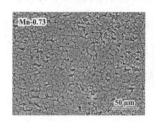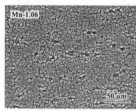

图 3.18　实验钢的光学显微组织

表 3.18　实验钢的化学成分(质量百分比,%)

| 桥梁钢 | C | Si | **Mn** | P | S | Al | Ni | Cu | Cr | Mo | Nb | Ti |
|---|---|---|---|---|---|---|---|---|---|---|---|---|
| No. 06 | 0.036 | 0.21 | **0.73** | 0.025 | 0.003 | 0.02 | 0.22 | 0.31 | 0.45 | 0.16 | 0.06 | 0.01 |
| No. 07 | 0.035 | 0.22 | **1.06** | 0.025 | 0.003 | 0.02 | 0.23 | 0.30 | 0.45 | 0.16 | 0.06 | 0.01 |
| No. 08 | 0.035 | 0.23 | **1.43** | 0.025 | 0.003 | 0.02 | 0.22 | 0.32 | 0.45 | 0.16 | 0.06 | 0.01 |

注:加黑数字为典型特征值。

表 3.19　实验钢的力学性能和耐候性指数

| 实验钢 | 屈服强度 $R_e$/MPa | 抗拉强度 $R_m$/MPa | 屈强比 $R_e/R_m$ | 断后伸长率 $A$/% | 低温冲击功 $-40℃\ A_{KV}$/J | 耐候性指数 | |
|---|---|---|---|---|---|---|---|
| | | | | | | $I$/% | $V$ |
| Mn-0.73 | 423 | 542 | 0.780 | 34.6 | 280 | 10.164 | 1.073 |
| Mn-1.06 | 460 | 600 | 0.767 | 31.1 | 259 | 9.960 | 1.079 |
| Mn-1.43 | 465 | 615 | 0.756 | 26.8 | 252 | 10.452 | 1.087 |
| 参考值 | 420 | — | 0.85 | ≥19 | ≥120 | ≥6.0 | 0.9~2.5 |

表 3.19 显示,随 Mn 含量增加,钢的力学强度提高,尤其是抗拉强度,屈服强度则由 420 MPa 提升到 460 MPa 级别;当 Mn 含量超过 1.06 后,屈服强度增幅明显减小,抗拉强度增幅仍较大;断后伸长率和低温冲击功均明显减小,但依然超过参考下限一大截。此时,两种耐候性指数的预测值出现了矛盾,ASTM 认为 $I_{\text{Mn-1.06}} \leqslant I_{\text{Mn-0.73}} \leqslant I_{\text{Mn-1.43}}$,日本则认为 $V_{\text{Mn-0.73}} < V_{\text{Mn-1.06}} < V_{\text{Mn-1.43}}$,实际耐蚀性能还应根据服役环境而定。

## 3.5.2 腐蚀动力学

图 3.19 为含 Mn 实验钢的腐蚀动力学曲线。随腐蚀时间延长,实验钢的腐蚀深度均增加,腐蚀速率在初期达到极大值后持续减小;腐蚀过程呈现出波动上升或下降的规律,以 Mn-0.73 腐蚀速率的表现最为明显。随 Mn 含量增加,实验钢的腐蚀深度损失和腐蚀速率均有所增大;Mn 含量超过 1.06 后,虽然腐蚀速率在前期的变化较大,但腐蚀深度损失变化并不明显。因此,提高 Mn 含量,一定程度上会加重钢在沿海工业(C&S)大气湿热条件下的腐蚀损失。

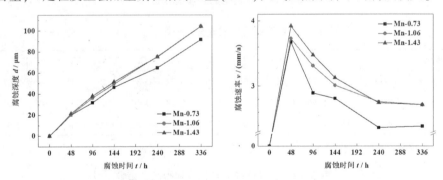

图 3.19　实验钢的腐蚀动力学曲线

## 3.5.3　锈层形貌与结构

### 3.5.3.1　锈层形貌

表 3.20 为实验钢在湿热 C&S 中腐蚀 144 和 336 h 所得锈层的高低倍微观形貌。144 h 锈层形貌显示:三种钢均已形成连续的锈层,正在全面保护钢基

体;随 Mn 含量升高,表层裂纹增多、增大,但锈的结晶度明显提高。Mn-1.06 锈层明显处于过渡状态,低倍形貌光滑同 Mn-0.73 但多裂纹,与前期的腐蚀速率有一定相似性,高倍形貌中的落地柳叶状锈同 Mn-0.73 但尺寸较大、右下角的刺球同 Mn-1.43 又尺寸较小,实为晶体转变过程的片段缩影。除 β-FeOOH 等外的锈晶体的数量增加,多有助于改善锈层的稳定性。而裂纹等缺陷的增多、增大,又会对锈层结构造成破坏。

表 3.20　含 Mn 锈层的微观形貌

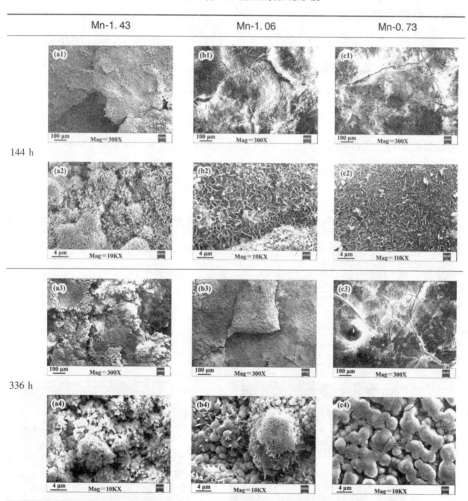

| Mn-1.43 | Mn-1.06 | Mn-0.73 |

144 h

336 h

336 h 锈层与 144 h 相比,低倍形貌变化较大,高倍下锈晶体形状明显改变。Mn 含量为 0.73 时,锈层主要由扁平的棉球黏结在一起,偶有小裂纹贯穿棉球中部而非间隙,说明腐蚀产物间的黏附性较好,或锈层致密性较好。Mn-1.06 的腐蚀产物仍含有许多小刺球,而小刺可能为新生含 Mn 腐蚀产物,底部/内层绝大多数为小球,只是比 Mn-0.73 的尺寸较小、黏附性稍差,又凹凸落差增大。随 Mn 含量升高,腐蚀产物的变化规律明显。Mn-1.43 的高倍腐蚀产物呈现出大米饭的黏结形态,基本延续了锈晶粒细化、晶粒间落差增大但黏附性下降的趋势。

锈晶粒细化、黏结紧密,均有助于改善锈层的致密性,而晶粒间落差增大、孔隙增多,又会延长腐蚀液的润湿时间,使得锈层结构被腐蚀破坏,进而加剧钢基体的局部腐蚀。

总之,锈晶粒尺寸、晶粒间黏附性和落差、裂纹的数量和尺寸等,均会影响锈层的致密性,或者锈层性能是各因素共同作用的结果。Mn 含量增加,腐蚀产物/锈结晶度提高、晶粒细化,但锈层裂纹增多。

### 3.5.3.2 锈层结构

表 3.21 和 3.22 分别为 144 h 与 336 h 锈层的截面微观结构和元素线扫描结果。腐蚀前先在试样表面进行金箔溅射(实验完全相同,以保证金线等厚),用以表征锈层的生长趋势或腐蚀粒子的主要迁移方向[19],金线内、外锈层厚度比示于表 3.23。

表 3.21 含 Mn 锈层的截面结构

续表3.21

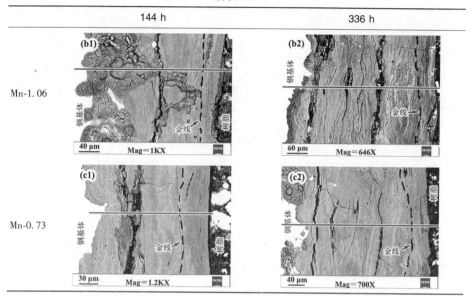

锈层结构显示:腐蚀后的金线和锈层纹理是非线性曲线,说明局部腐蚀过程是不均匀的。锈层内有少量但较大的平行于钢基体的裂纹,其沿线的层间黏结性能较差,虽然此类裂纹对钢基体的直接损害较小,但很可能成为腐蚀液的滞留场所,会对锈层结构造成二次损害。钢/锈界面的二次龟裂锈斑(抽真空后形成)、内凸锈芽和锈层内的小锈巢等,均说明锈层是疏松多孔的结构,其对腐蚀粒子的阻滞能力是相对的。外锈层主体的形成时间较早,其致密性明显较高,是湿热条件下 Cl⁻ 破坏作用被 SO₂ 抑制的结果。

表 3.22　含 Mn 锈层的截面元素分析

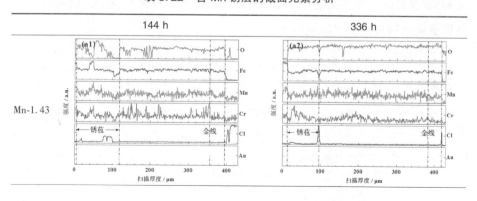

续表3.22

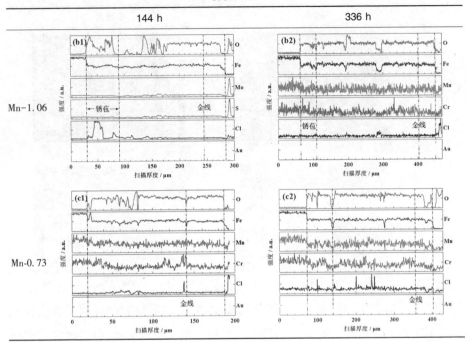

元素线扫描结果显示:O、Fe 的浓度梯度较小,说明湿热 C&S 条件下钢的腐蚀速度很快。Mn 在锈层中呈均匀分布,但在钢/锈界面的二次锈斑和锈芽处出现明显波动,与 Fe 的分布具有弱/正相关性。Mo 与 S 的分布规律极其相似,用 EDS 难以区分。Cr 在裂纹等缺陷处的波动较大,其分布在一定程度上与 O 相反,主要体现在小缺陷处,对修复锈层中小缺陷具有重要作用。Cl 在锈层裂纹和钢/锈界面处均有显著分布,尤其与二次锈斑具有强/正相关性,应该是导致界面新锈层疏松的主要原因之一。

表 3.23　金线内/外侧锈层的厚度比值

| | 144 h | | 336 h | |
| --- | --- | --- | --- | --- |
| | 比值 | 特征 | 比值 | 特征 |
| Mn-1.43 | 9 | 大锈斑 | 7 | 大锈苞 |
| Mn-1.06 | 6 | 中锈斑 | 7 | 小锈苞 |
| Mn-0.73 | 3 | 微锈斑 | 6 | 小锈斑 |

　　表 3.23 显示：随 Mn 含量降低，金线内、外侧锈层的厚度比值减小，或 Mn 含量增加会加剧钢材在湿热 C&S 环境中的腐蚀。干燥锈层的钢/锈界面均存在锈苞或二次锈斑，锈苞为局部腐蚀的前沿且多出现在腐蚀后期，二次锈斑为锈层内部滞留腐蚀液的二次腐蚀结果，在一定程度上说明锈层致密性较好。由此推测，Mn 含量升高导致腐蚀加剧的主要原因可能是裂纹的增多与增大。

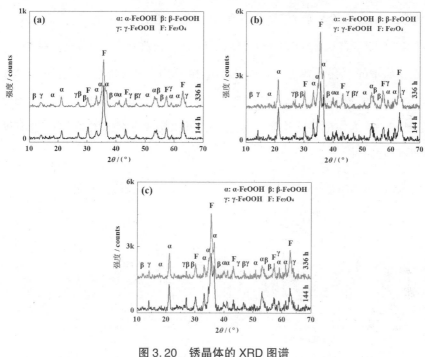

图 3.20　锈晶体的 XRD 图谱

（a）Mn-0.73；（b）Mn-1.06；（c）Mn-1.43

## 3.5.4　铁锈物相成分

### 3.5.4.1　XRD 图谱

　　图 3.20 为含 Mn 铁锈的 XRD 图谱，锈晶体主要成分为 $Fe_3O_4$、$\alpha$-FeOOH、$\gamma$-FeOOH 和微量的 $\beta$-FeOOH 等，晶体峰的强/高度存在明显差异，说明结晶度/晶体比例有明显不同。Mn 含量为 0.73 时，腐蚀产物/锈的结晶过程被强烈抑制；之后升高到 1.06 的过程中，Mn 又促进锈的结晶，晶体峰的高度升高了近

7 倍,以 α-FeOOH 的升高最显著,其次为 $Fe_3O_4$,这有助于改善锈的稳定性,但也会增大锈层内应力、引发缺陷产生;Mn 含量继续提高至 1.43,峰高度比 1.06 时稍有降低。而同一 Mn 锈晶体峰在 144 和 336 h 的高度差异不大,说明 144 h 时的锈层成分整体已经处于稳定状态。

### 3.5.4.2　XPS 图谱

图 3.21 为 336 h 腐蚀产物中含 Mn 锈晶体的 XPS 图谱。其中,(a) 为 Mn-1.43 的图谱,(b,c,d) 为三个 Mn-0.73 独立试样的 XPS 图谱。结果显示:Mn 在锈层中的赋存形式主要是 $MnFe_2O_4$ 和 $MnO_2$,以及由它们代表的含 Mn 金属复合氧化物、氧(硫)化物;氧化物的种类与 Mn 含量多少无关;Mn 的化合价态是以+2、+4 为主的中间价态。金属复合氧化物具有类似尖晶石结构,有助于改善锈层稳定性。

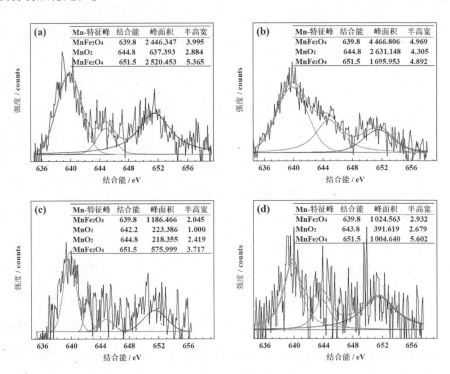

图 3.21　Mn 锈晶体的 XPS 图谱

(a)Mn-1.43;(b,c,d)Mn-0.73

### 3.5.5 腐蚀机理

实验用桥梁钢中,S 的百分含量低于 0.004 且 O 含量低于 20 ppm,则加入的 Mn 合金主要以固溶形式存在,仅残留微量的 MnS 和 MnO。Mn 的化学性质与 Fe 相似,但比 Fe 活泼。它在空气中、潮湿条件下均易发生氧化,又易溶于酸,生成氢气和氢氧化锰,或与 Fe 等生成复合氢氧化物。氢氧化锰在空气中不稳定,会进一步氧化和脱水,生成二氧化锰。因此,干燥后的含 Mn 锈晶体主要为 $MnO_2$ 和 $MnFe_2O_4$。含 Mn 钢的腐蚀过程可描述为:

$$Mn \longrightarrow Mn^{2+} + 2e^-, \ Mn + 2H^+ \longrightarrow Mn^{2+} + H_2 \uparrow$$
$$Mn^{2+} + 2OH^- \longrightarrow Mn(OH)_2$$
$$2Mn(OH)_2 + O_2 \longrightarrow 2MnO_2 + 2H_2O \quad (3.16)$$
$$Mn(OH)_2 + 2Fe(OH)_3 \longrightarrow MnFe_2O_4 + 4H_2O$$

含 Mn 锈层中仅存在个别小锈巢、Mn 元素在锈层裂纹处分布稳定、含 Mn 锈晶体的 XPS 峰面积很大/含量很多,这些均说明:$MnO_2$ 和 $MnFe_2O_4$ 在湿热 C&S 环境中能保持较高的稳定性。而且,Mn 含量增加会促进锈晶体转变和锈晶粒细化,均有助于改善锈层的稳定性。干燥的锈层被抽真空后,在钢/锈界面出现的二次龟裂锈斑也说明局部锈层的致密性良好。

但是,锈晶体转变带来的体积变化同样会积聚锈层内应力,增大裂纹发生概率;而平行于钢基体的较大裂纹也带来潜在威胁。锈层曲线纹理和钢/锈界面的锈苞先后证明,钢的局部腐蚀是不均匀的。局部不均匀腐蚀和平行裂纹等长期相互作用,导致锈层局部的剪切应力增大,进而产生垂直小裂纹。直径小且侵蚀性强的 $Cl^-$ 随 $H_2O$ 分子一起穿过小裂纹滞留于钢/锈界面,继续侵蚀钢基体并产生锈芽和二次锈斑。另外,随 Mn 含量增加,锈层(形貌)中锈晶粒间的黏附性降低、裂纹增多增大,(结构)金线内、外侧锈层的平均厚度比值上升。由此认为:Mn 含量升高却加剧钢材腐蚀损失的主要原因是裂纹。

### 3.5.6 小 结

(1)添加 Mn 可显著细化钢组织晶粒,提升钢的强度尤其是抗拉强度,降低屈强比,并保持较好的塑性和低温韧性。

(2)Mn 在锈层中呈均匀分布,其主要赋存形式为 $MnFe_2O_4$ 和 $MnO_2$。Mn 含量增加,会促进腐蚀产物的晶体转变、细化锈晶粒,有助于改善锈层的稳定性。

(3)随 Mn 含量增加,腐蚀产物/锈晶粒间的黏附性下降,裂纹增多增大,钢在湿热 C&S 大气中的腐蚀损失加深。

## 3.6 本章小结

本章以先前设定的湿热沿海工业(C&S)大气环境为背景,以高成本/高性能桥梁钢为研究对象,在保证力学性能和焊接参数较好的前提下,重点考察了 Ni、Cu、Cr、Mo、Mn 等元素对桥梁钢腐蚀性能的影响,并探讨了其作用机理。

(1)Ni 在钢中能促进珠光体向贝氏体转变、细化组织晶粒,显著提高钢的力学性能,同时不降低其常温塑性,并保证良好的低温韧性和常温可焊性参数。

Ni 含量增加,会加速钢的初期腐蚀、缩短保护锈层的形成时间,进而降低桥梁钢的腐蚀损失。含 Ni 锈层能有效抑制 $HSO_3^-$ 的侵蚀,但对 $Cl^-$ 的作用较弱。Ni 主要以 NiO 和 $NiFe_2O_4$ 的形式均匀分布于锈层中,随含量增加,它也会在裂纹等缺陷处发生明显聚集,改善锈层的自修复能力和耐弱酸侵蚀性能。

Ni 含量很低(≤0.42)时,主要以促进腐蚀产物结晶的形式,来改善锈层的稳定性;含量较高(~3.55)时,反而会强烈抑制除 α-FeOOH 外的其他腐蚀产物的晶体转变,提升锈层的阻抗和保护性。这是普通含 Ni 桥梁钢与高 Ni 桥梁钢耐候性差异的主因之一。

(2)在高 Ni 桥梁钢中添加 Cu,可进一步细化组织晶粒,提高力学强度,并保持较好的韧塑性和常温可焊性参数。

Cu 含量增加,会显著降低钢的腐蚀损失和腐蚀速率,超过 0.32 后的作用效果会更好。Cu 在锈层中主要以 CuO、$Cu_2O$ 形式存在,另有少量 $CuCl_2$、$CuSO_4$ 等形式。Cu 能显著提高腐蚀产物颗粒的黏附性,进而改善锈层致密性;其在小裂纹和疏松等缺陷处的富集明显高于 Ni,可提升锈层的自修复能力,但对大裂纹的作用不明显。

(3)钢中相继添加 Cr、Mo 后,力学强度连续升高,并保持优异的韧塑性和常温可焊性参数。其中,Cr 显著促进珠光体向贝氏体的转变,提升钢的抗拉强度。

Cr、Mo 均能降低钢的腐蚀深度损失和腐蚀速率。其中,Cr 能明显缓解钢基体的点蚀,Mo 则进一步减轻点蚀深度。Cr 能显著促进以 $\alpha$-FeOOH 为首的腐蚀产物的结晶,其在锈层中主要以 $FeCr_2O_4$ 和 $Cr_2O_3$ 等形式存在,并主要分布在内锈层和锈层疏松处,这些均有利于改善锈层的保护性。而 Mo 则强烈抑制腐蚀产物的结晶,并主要以 $MoO_3$ 和 $MoO_2$ 等形式存在,凭借自身的稳定性改善钢材的耐蚀性。

(4)在含 Cr、Mo 钢中添加 Mn,组织晶粒明显细化,力学强度显著提高,同时低温韧性优异、常温塑性良好和常温可焊性参数合格。

随 Mn 含量增加,钢的腐蚀深度损失和腐蚀速率均升高,但增幅明显减小。Mn 能显著促进腐蚀产物结晶,并细化锈晶粒,其主要以 $MnFe_2O_4$ 和 $MnO_2$ 的形式均匀分布在锈层中,这些均有助于改善锈层的稳定性和致密性。但随 Mn 含量增加,腐蚀产物/锈颗粒间的黏附性降低,引发裂纹增多增大,再加上局部不均匀腐蚀的影响,会恶化钢基体腐蚀。

# 第4章

# 低成本桥梁钢的耐湿热腐蚀性能

除提高整体性能外,高性能结构钢 HPS 开发的另一个重心是:降低成本。对耐候桥梁钢来说,在保证特定环境要求的前提下,降低合金、轧制和焊接预热成本等,是常常需要考虑的。为此,我们在保证常温可焊性参数合理,并采用 TMCP 轧制技术改善钢材力学性能的前提下,选用国内储量丰富、价格低廉或用量很少的合金(如 Si、Al、Ca、Re)来替代贵重合金,或降低贵重合金(如 Cr)含量以降低钢材成本。然后通过相同的室内模拟腐蚀实验和评估方法,考察了以上几种低成本耐候桥梁钢在特定沿海工业大气中的抗湿热腐蚀性能。

## 4.1  Si 对桥梁钢耐湿热腐蚀性能的影响

Si 是地壳中的第二富足元素,取材方便、价格低廉。在冶金过程中,Si 可以起到与 P 相似的作用,它在 $\alpha$-Fe 及 $\gamma$-Fe 中的溶解度均大于 P,对铁素体有较强的固溶强化作用,Si 还可以提高钢的抗应力腐蚀开裂性能。因此,可以尝试用提高 Si 含量的办法来改善钢材的耐大气腐蚀性能。

梁彩凤等[122]对户外暴露 8 年的钢材大气腐蚀数据做了回归分析,认为 Si 能明显提高钢的耐蚀性,其作用在湿热地区会更加突出。Oh 等[26]分析了暴露 16 年的钢样,认为在海洋和乡村大气中,较高的 Si 含量有利于细化 $\alpha$-FeOOH 晶粒,进而降低钢的腐蚀速率。Mejía Gómez 等[123]通过室内模拟实验研究了 Si 对钢材耐蚀性的影响,发现在含 Cl⁻ 条件下,随 Si 含量提高,$\alpha$-FeOOH 的含量上升,钢材的失重降低。Kim 等[124]通过室内模拟和户外暴露试验,发现在含 Ca 耐候钢中加入 0.62% 的 Si,钢的耐海洋大气腐蚀性能和锈层硬度均达到最佳。

Townsend[92]分析了暴露 16 年的钢材腐蚀数据,认为 Si 能明显提高钢在工业大气中的耐蚀性。Hudson 等[125]通过海水全浸、工业大气暴晒 5 年和室内模拟实验,发现 Si 含量从 0.2% 增加到 0.8%,钢在大气暴晒和海水全浸条件下的耐蚀性都有不同程度的提高,而室内实验结果却表现为恶化。Larabee 等[126]对工业、乡村和海滨地区暴露 15.5 年的数据处理后,得出 Si 不能提高钢的耐候性。张起生等[127]通过模拟工业大气腐蚀实验,发现随 Si 含量增加,锈层增厚、疏松、黏附性下降、α-FeOOH 含量减少,钢的腐蚀性能下降。另外,Nishimura[128-131]通过室内加速腐蚀实验,研究了含 Si 和 Al 钢的耐海洋大气腐蚀性能,发现随 Si 和 Al 含量增加,钢的耐蚀性提高;耐蚀性最好的化学组成是 0.8Si-0.8Al;纳米级的复杂 $Si^{2+}$ 和 $Al^{3+}$ 氧化物在内锈层的富集是耐蚀性提高的主要原因。与之同期,陈新华等[132,38]和董俊华等[133]也发现 Si 和 Al 协同作用能提高钢在海洋大气中的耐蚀性,但在工业大气条件下却相反。如今新型 Si-Al 低成本耐候钢已经受到企业的重视[134]。

综上所述,Si 能提高钢材耐海洋大气腐蚀性能的观点已得到大多数人认可,但对改善耐工业大气腐蚀性能的作用还存在较大分歧,而有关 Si 对钢材耐工业-海洋大气腐蚀性能的报道更为少见。在我国沿海经济发达地区,化石燃料长期过度燃烧,导致大气中以 $SO_2$ 为代表的工业尾气/腐蚀介质的比例持续上升。$Cl^-$ 和 $SO_2$ 共存的大气环境会加剧钢材的腐蚀,严重威胁当地桥梁等基础设施的安全。故本节通过湿/干周期浸润腐蚀实验,研究了 $Cl^-$ 和 $SO_2$ 共存的湿热条件下,Si 对桥梁钢腐蚀行为的影响,以期为沿海桥梁用钢提供参考。

## 4.1.1 成分与性能

表 4.1、图 4.1 和表 4.2 分别为含 Si 桥梁钢板的实测化学成分、光学显微组织、力学性能和耐候性参数。其中,桥梁钢中 Si 的梯度为 0.25 和 0.48。

表 4.1 含 Si 桥梁钢的化学成分（质量百分比,%）

| 桥梁钢 | C | Si | Mn | P | S | Al | Ni | Cu | Nb | Ti | Fe |
|---|---|---|---|---|---|---|---|---|---|---|---|
| No.00 | 0.035 | **0.25** | 0.75 | 0.018 | 0.001 | 0.02 | 0.20 | 0.32 | 0.060 | 0.01 | 余量 |
| No.15 | 0.037 | **0.48** | 0.69 | 0.016 | 0.001 | 0.02 | 0.21 | 0.32 | 0.064 | 0.01 | 余量 |

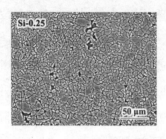 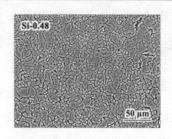

图 4.1 实验钢的光学显微组织

超低 C 设计、高纯度冶炼、全程保护浇铸和 TMCP 轧制制度,为钢板得到均匀且细小的铁素体组织、降低微区间的腐蚀电位差等提供了保障,有利于改善其力学性能和局部耐蚀性能[135]。对比试样的显微组织发现,Si-0.25 钢中有明显的珠光体存在,其体积占比大于 2%,而 Si-0.48 钢中只有微量的珠光体,其体积比仅占 0.2%,两者相差一个数量级。可见,非碳化物/固溶元素 Si,在降低 C 扩散系数并强化铁素体组织方面的作用是显著的[136],这有利于促进钢材在腐蚀前期的均匀腐蚀。

表 4.2 实验钢的力学性能和耐候性指数

| 实验钢 | 屈服强度 $R_e$/MPa | 抗拉强度 $R_m$/MPa | 屈强比 $R_e/R_m$ | 断后伸长率 $A$/% | 低温冲击功 $-40℃\ A_{KV}$/J | 耐候性指数 $I$/% | $V$ |
|---|---|---|---|---|---|---|---|
| Si-0.25 | 415 | 495 | 0.838 | 35.6 | 350 | 9.864 | 1.022 |
| Si-0.48 | 403 | 471 | 0.856 | 40.7 | 330 | 10.246 | 1.034 |
| 参考值 | 420 | — | 0.85 | ≥19 | ≥120 | ≥6.0 | 0.9~2.5 |

力学测试结果显示:随 Si 含量增加,钢的强度和低温冲击功均下降,屈强比、断后伸长率则升高,以抗拉强度和低温冲击功的降幅较大,强度下降与铁素体数量增加成反比;耐候性指数的预测值上升,实际值随服役环境而变化。

## 4.1.2　腐蚀动力学

图 4.2 为实验钢的腐蚀动力学曲线。随腐蚀时间延长,实验钢的腐蚀深度均加深、腐蚀速率降低。在模拟的湿热沿海工业大气条件下,Si-0.48 钢的腐蚀深度一直低于 Si-0.25,即 Si-0.48 钢比 Si-0.25 钢的耐蚀性好。二者的腐蚀深度差呈现出先快速增大(到 144 h)后缓慢减小的现象,说明适当提高 Si 含量能增强钢的耐蚀性,但 Si 的这种优势会随锈层增厚而减弱。平均年腐蚀速率则随锈层保护性增强而降低。腐蚀速率差值呈现出先小幅增大(到 144 h)后迅速减小的现象,即到腐蚀中后期,Si-0.25 钢的锈层保护性也明显改善。

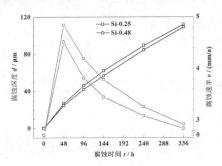

**图 4.2　实验钢的腐蚀动力学曲线**

用幂函数 $W=At^n$ 分别对实验钢的腐蚀深度和中后期($\geqslant$48 h)平均腐蚀速率进行拟合,回归系数均在 0.98 以上,结果示于表 4.3。

**表 4.3　实验钢腐蚀动力学的拟合方程**

| 实验钢 | 腐蚀深度 $d/\mu m$ | 锈层形成后的腐蚀速率 $v/mm \cdot a^{-1}$ |
| --- | --- | --- |
| Si-0.25 | $1.72844t^{0.71829}, r^2=0.99894$ | $13.05361t^{-0.25275}, r^2=0.98785$ |
| Si-0.48 | $1.27265t^{0.76508}, r^2=0.99994$ | $11.35520t^{-0.23852}, r^2=0.99941$ |

在完全相同的腐蚀条件下,腐蚀深度 $W_d>0$,时间 $t^n>0$,故 $A_d>0$。$n\geqslant1$ 时,随 $t$ 延长,$W_d$ 线性加深($n=1$)或快速加深($n>1$),锈层都不具有保护性。$0<n<1$ 时,随 $t$ 延长,$W_d$ 缓慢加深,锈层具有保护性。腐蚀深度拟合方程中,$0<n_1$、$n_2<1$,即两种锈层均具有保护性。当 $t$ 相同时,$W_d$ 由常系数 A 和 n 决定。一般来说,A 值较大时,钢的前期腐蚀较快,有助于加速锈层形成;n 值较大时,钢在

腐蚀中后期的锈层保护性相对较差。虽然 $A_2<A_1$、$n_2>n_1$，但整个腐蚀周期内的 $W_{d2}<W_{d1}$，即 Si-0.48 钢的腐蚀深度损失小于 Si-0.25，或 Si-0.48 锈层的保护性比 Si-0.25 好。

腐蚀速率拟合方程中，$-0.5<n<0$。即随 $t$ 延长，腐蚀速率 $W_v$ 递减，锈层保护性增强；$W_v$ 越小，锈层保护性越好。时间 $t$ 相同时，A 值较大，即初始单位腐蚀速率较大；n 值较大，则腐蚀速率递减较快，或锈层性能改善更明显。

综上，实验钢在湿热沿海工业大气中的腐蚀动力学演化遵循幂函数 $W=At^n$ 分布规律，适当增加 Si 含量(到 0.48%)有利于改善钢的耐候性，但 Si 带来的优势会随腐蚀时间延长而减弱。

## 4.1.3　锈层形貌与结构

### 4.1.3.1　锈层形貌

表 4.4 为实验钢经 C&S 腐蚀 144 h 和 336 h 所得锈层的表面微观形貌。144 h 锈层形貌显示：两种钢均已形成连续的锈层，并且在全面保护钢基体。Si-0.25 锈层的起伏较大，存在多条蚯蚓状突起，突起的顶端是细小的裂纹；局部锈层为疏松的大颗粒腐蚀产物，是早期外锈层脱落后的残留。Si-0.48 锈层明显平整、细密，也有较大裂纹存在，但裂纹多被新生腐蚀产物填充，说明此时其锈层具有较高的致密性和较强的自修复能力。

表 4.4　含 Si 锈层的微观形貌

| Si-0.25 | Si-0.48 |
|---|---|
| | |

续表4.4

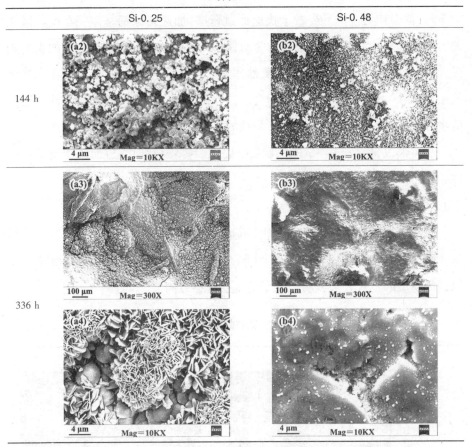

336 h 锈层形貌显示:随腐蚀时间延长,锈层致密性均明显增强。Si-0.25 锈层中出现大量团簇生长的花瓣状晶体,花瓣之间连接紧密;也有较大的不规则裂纹存在,但裂纹数量已明显减少。与 144 h 相比,Si-0.25 锈层的致密性和腐蚀产物的结晶度均有显著改善;而 Si-0.48 锈层更加光滑、致密,但也有边缘整齐的浅裂纹和楔形的深裂纹,很可能是受外力作用或锈层内应力突然爆发而形成,楔形裂纹较深且没来得及修复,将成为外界腐蚀介质入侵钢基体的快速通道。

裂纹多起因于锈层生长过程中内部体积变化引起的应力积聚,而主要形成于锈层干燥阶段的应力释放过程,是外界粒子入侵钢基体的快速通道,以垂直于钢基体的裂纹对锈层的破坏性最大。裂纹增多、扩大、加深或锈层自修复能力下降,都会让更多的外界粒子快速通过锈层,加速腐蚀钢基体。在湿热微风的实验室理想状态中,外锈层越致密对锈层内部体积变化或生长应力的束缚越强;当应力积聚到一定程度,就会突然爆发,导致裂纹生成或扩展。而在自然大气条件下,风、日照、温差变化等均会侵蚀外锈层,并使之不断粉化,促使锈层中的水分和生长应力得以及时释放,裂纹的扩展动力随之大大减小。

总体来说,提高 Si 含量能明显促进腐蚀产物颗粒细化,进而改善锈层致密性和保护性。

### 4.1.3.2 锈层结构

表 4.5 为实验钢腐蚀 144 h 和 336 h 的锈层截面微观结构及元素线扫描结果。腐蚀前先在试样表面进行喷金(喷金时间相同以保证金膜厚度相同),用以表征锈层的生长趋势或腐蚀粒子的主要迁移方向[115]。

表 4.5  含 Si 锈层的截面结构和分析

续表4.5

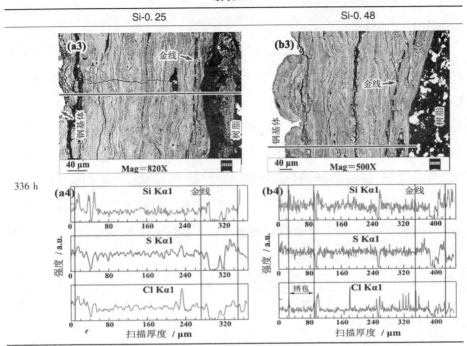

从锈层结构来看:金线以内到钢基体的锈层,在厚度和致密性上均明显超过金线以外的外锈层,说明腐蚀反应粒子向内迁移的速度大于向外的速度。或者,随着腐蚀产物在钢基体表面积累,锈层的致密性增强,后续新生腐蚀产物向外迁移的路径受阻而只能在内部不断积累,锈层整体呈现出以向内生长为主的趋势。锈层中存在一些锈苞、锈巢和裂纹,锈苞初生于钢/锈界面,裂纹多平行于钢基体且与锈巢相连,同时隐约可见曲折的层状腐蚀纹理,以上反映了腐蚀过程的不均匀性。随腐蚀时间延长,两种钢的内锈层致密性均增强。

锈层截面线扫描结果显示:随腐蚀时间延长,两种钢的内锈层厚度增加量明显超过外锈层,内、外锈层厚度比均增大。S 主要集中于外锈层或锈巢的边缘,说明锈巢的形成与含 S 酸的局部酸化有关,内锈层对 $SO_4^{2-}$ 有一定的阻挡能力;而 Cl 在内、外锈层的裂纹和疏松处都有积聚,说明 $Cl^-$ 的侵蚀或穿透能力较强。Si 在内锈层的峰强度稍高于外锈层,而且在裂纹和锈巢的边缘发生明显聚集,其作用类似于 Cu,说明 Si 在一定程度上能抵御侵蚀或帮助修复锈层缺陷。

## 4.1.4 铁锈物相成分

### 4.1.4.1 XRD 图谱

图4.3 为腐蚀产物/锈的 XRD 图谱。实验钢经 C&S 腐蚀 144 h 和 336 h 所得腐蚀产物,均主要由非晶和少量晶体 α-FeOOH、β-FeOOH、γ-FeOOH、$Fe_3O_4$ 组成,此外还存在 $SiO_2$ 和反尖晶石矿物 $Fe_2SiO_4$。144 h 与 336 h 的 Si-0.25 锈晶体峰强度差距较大,而 Si-0.48 锈的晶体峰强度差别较小;同期 Si-0.48 各峰强度均高于 Si-0.25 各对应峰,144 h 尤其明显;随腐蚀时间延长,Si-0.25 各峰强度明显增强,与 Si-0.48 的差距逐渐缩小。在 XRD 实验完全相同的前提下,锈晶体峰强度越高,则其结晶度越好;当被测试样总量相等且成分差异极小时,锈晶体峰强度越高,则其数量(比)越多[81]。因此,提高 Si 含量能显著促进腐蚀产物的结晶速度和结晶数量。

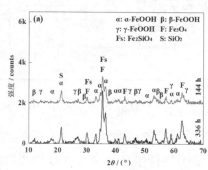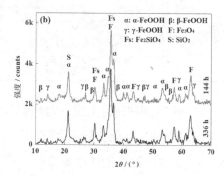

**图 4.3　含 Si 锈层的 XRD 图谱**

(a)Si-0.25;(b)Si-0.48

### 4.1.4.2 XPS 图谱

图 4.4 为 336 h 腐蚀产物中含 Si 锈晶体的 XPS 图谱及参比标准图谱。经检测 Si 2p 的主峰为 100.15 eV,在数据库中处于 Si~99.15 eV 和 $SiO_2$~103.4 eV 之间,由此推断 Si 很可能主要以+2 价的铁氧化物形式存在[137],本实验中主要为 $Fe_2SiO_4$。$Fe_2SiO_4$ 是 Si 取代 $Fe_3O_4$ 晶体中位于八面体的 Fe 原子而形成的反尖晶石类化合物,它在含 S 弱酸侵蚀中能稳定存在,一定程度上可增强锈层的稳定性。分峰处理后还发现了一些杂峰和小峰,按照结合能由低到高依次为:$MSi_x$~97.83 eV、Si~98.2/98.8 eV、$Fe_2SiO_4$~101.3 eV、$SiO_x$~102.26 eV 和

$SiO_2 \sim 103.0/103.3+104.2$ eV，说明 Si 还会以金属化合物、单质、$SiO_2$ 等形式存在。单质 Si 可能是腐蚀过程中形成的无定形 Si，而微量 $SiO_2$ 则可能来源于锈层处理过程中吸附的外界灰尘。于福洲[138]认为，当 Si 含量较多时，可以在钢表面形成富 Si 保护膜，使钢的耐蚀性提高。

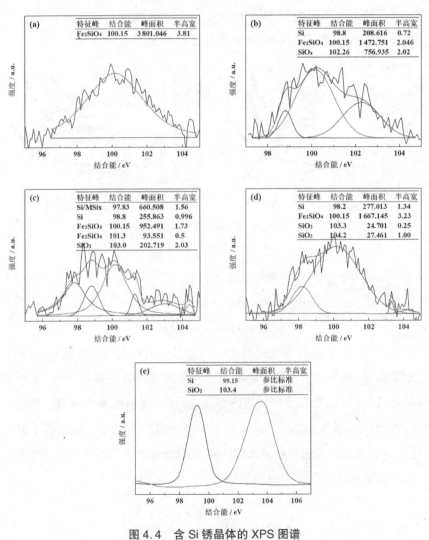

**图 4.4　含 Si 锈晶体的 XPS 图谱**

(a,b,c)Si-0.25；(d)Si-0.48；(e)标准图谱

## 4.1.5　腐蚀电化学与机理

图 4.5 为实验钢腐蚀不同时间后的 Tafel 极化曲线。0 h 时,钢表面的钝化膜被腐蚀液膜迅速溶解,腐蚀开始。在腐蚀过程中,铁素体失电子做阳极,珠光体做阴极但不得电子,O 得电子作阴极去极化剂。此时 O 与钢基体全面接触,反应速率很快,阴、阳极电流密度也最大。Si-0.48 钢的自腐蚀电位比 Si-0.25 钢仅高 0.003 V,说明 Si 对钢基体电位的影响不大。

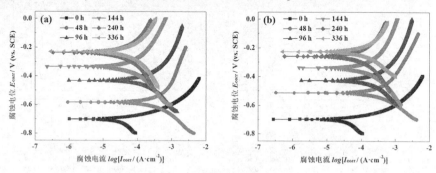

**图 4.5　实验钢的 Tafel 曲线**

(a)Si-0.25;(b)Si-0.48

初期阳极和阴极的主要腐蚀反应为:

$$Fe \longrightarrow Fe^{2+} + 2e^-$$
$$O_2 + 2H_2O + 4e^- \longrightarrow 4OH^-$$

(4.1)

腐蚀 48 h 时,吸附在钢表面的腐蚀产物阻止了 O 与钢基体的直接接触,抑制了钢的腐蚀,阳极电流密度随之减小。新生腐蚀产物的稳定性差,遇 O 会被继续氧化,同时 O 的还原还在快速进行,故阴极电流密度减小缓慢。随锈层保护性增强,钢的腐蚀电位上升。此时 Si-0.48 带锈钢的腐蚀电位明显高于 Si-0.25 钢,这是 Si 改善锈层稳定性所带来的优势,此优势缓解了钢的前期腐蚀损失。

前期阳极和阴极的主要腐蚀反应为:

$$Fe^{2+} \longrightarrow Fe^{3+} + e^-$$
$$O_2 + 2H_2O + 4e^- \longrightarrow 4OH^-$$
$$Fe^{3+} + 3OH^- \longrightarrow Fe(OH)_3 \downarrow$$
$$Fe(OH)_3 \longrightarrow FeOOH + H_2O$$

(4.2)

腐蚀产物/锈向稳定形态转化过程中,自身也发生一系列氧化/还原反应,它既得电子做阴极,又给 O 提供电子做阳极。随锈层厚度增加,其还原反应逐渐占据优势,而 O 的还原则相对减弱,阴极电流密度随之减小,96 h 后与阳极长期保持平衡。锈层的还原/氧化反应主要有:

$$8FeOOH+Fe^{2+}+2e^- \longrightarrow 3Fe_3O_4+4H_2O$$

$$8FeOOH+Si^{2+}+2e^- \longrightarrow 2Fe_3O_4+Fe_2SiO_4+4H_2O \qquad (4.3)$$

$$4Fe_3O_4+O_2+6H_2O \longrightarrow 12FeOOH$$

潮湿环境中形成的锈层在干燥过程中,一方面新生腐蚀产物会继续转化并形成致密的内锈层,另一方面锈层的脱水过程会导致其与钢基体的黏附性下降,并且与锈层致密性成反比,表现为 Si-0.48 带锈钢的腐蚀电位在 144~240 h 内低于 Si-0.25 钢。

腐蚀 336 h 时,两种带锈钢的阴、阳极电流密度同时增大,这与锈层中产生较大裂纹有关。裂纹为 O 和腐蚀介质入侵钢基体提供了绿色通道,导致钢的腐蚀加剧。而 Si 能促进腐蚀产物细化和快速结晶,进而改善新生锈层的保护性,表现为此时 Si-0.48 带锈钢的腐蚀电位仍能升高较大幅度。

腐蚀介质 $Cl^-$ 和 $HSO_3^-$ 会加速钢的腐蚀,其腐蚀机理此处不再重复。

## 4.1.6 小 结

(1)湿热沿海工业大气中,含 Si 桥梁钢的腐蚀过程遵循幂函数分布规律,锈层呈现出向内的相对生长趋势。

(2)Si 在强化铁素体组织、细化腐蚀产物晶粒和促进铁氧化物结晶方面的作用显著,有利于改善钢的力学性能,提高锈层的保护性、缓解钢的腐蚀。

(3)Si 在锈层中主要以尖晶石类化合物 $Fe_2SiO_4$ 形式存在,并多在裂纹和锈巢边缘发生富集,一定程度上能增强腐蚀产物的稳定性并修复锈层缺陷。

(4)Si 含量从 0.25 增加到 0.48,实验钢的耐大气腐蚀性能提高。Si 带来的耐蚀性优势,随大裂纹的出现而减弱,又在修复缺陷中恢复,如此交替。

## 4.2 Al 对桥梁钢耐湿热腐蚀性能的影响

目前,我国现役桥梁用钢多为低合金高强度钢,钢材的耐腐蚀性能较差,并主要采用涂装的办法来抑制大气腐蚀。随着大型桥梁建设的兴起,桥梁钢用量不断增加,钢材性能和成本问题越来越受到重视。涂装不但浪费大量人力物力,老化废弃的涂料还会污染环境,累积涂装的成本也非常高昂。与此同时,绿色环保、综合性能优良、几乎没有后续维护成本的耐候钢,逐渐受到桥梁设计者们的青睐[40,139]。但因初次投资成本较高,其应用也受到一定限制。于是,替换钢中贵重合金元素以降低其成本,便成为钢材开发者的主要工作之一。

Al 是地壳中比 Fe 含量丰富的金属元素,自身具有鲜明的金属特性。在大气环境中,Al 能快速氧化并形成一层致密的氧化膜来抑制腐蚀,故常被预先喷涂/浸镀在钢表面做保护层[140,141]。在冶金过程中,Al 主要用作脱氧剂,若含量超标,则会导致夹杂物增多、水口结瘤、堵塞等一系列问题。但因其在提高钢材耐候性和降低成本方面蕴藏着巨大潜力,故用 Al 改善钢材耐候性的研究早已开始。

Evans[142]曾提到,低碳钢中添加少量 Al 可以改善其耐候性。陈新华等[132,143]通过室内实验研究了 Al-Si 合金钢的耐候性,发现在海洋大气条件下,生成的细粒尖晶石类氧化物 $FeAl_2O_4$ 可增强锈层对腐蚀介质和水分的阻隔,Al-Si 合金化在提高钢的耐候性上具有协同效应;而在工业大气条件下,腐蚀初期酸的再生循环使得 Al 无法形成稳定的腐蚀产物,导致锈层粉化、脱离,钢的腐蚀加剧。Nishimura[128-131]研究了含 Si、Al 钢的耐海洋大气腐蚀性能,发现随 Si、Al 含量增加,钢的耐候性提高;耐候性最好的化学组合是 0.8Si-0.8Al,纳米级复杂 $Si^{2+}$、$Al^{3+}$ 氧化物在内锈层富集是提高耐候性的主要原因。如今,0.8Si-0.8Al 低成本耐候钢在钢厂已经进入试制阶段。

新世纪以来,我国大型桥梁建设进入全面、高速发展阶段。在建与规划中的大型桥梁多分布在沿海经济发达地区,而化石燃料的过度燃烧导致沿海大气中 SO<sub>2</sub> 的浓度不断上升。SO$_2$ 和 Cl<sup>-</sup> 共存的大气形势已成为常态,给桥梁的服役安全和使用寿命带来了新的威胁,尤其是湿热条件下。但含 Al 钢在湿热大气条件中的腐蚀情况还不清楚。为此,本节通过湿/干周期浸润腐蚀实验,研究了湿热沿海工业大气中 Al 对桥梁钢腐蚀性能的影响。

## 4.2.1 成分与性能

表 4.6、图 4.6 和表 4.7 分别为含 Al 桥梁钢板的实测化学成分、光学显微组织、力学性能和预测耐候性指数。其中,桥梁钢中 Al 的梯度为 0.02 和 0.45。

表 4.6 含 Al 桥梁钢的化学成分(质量百分比,%)

| 桥梁钢 | C | Si | Mn | P | S | Al | Ni | Cu | Nb | Ti | Fe |
|---|---|---|---|---|---|---|---|---|---|---|---|
| No.00 | 0.035 | 0.25 | 0.75 | 0.018 | 0.001 | **0.02** | 0.20 | 0.32 | 0.060 | 0.010 | 余量 |
| No.13 | 0.041 | 0.22 | 0.71 | 0.020 | 0.001 | **0.45** | 0.21 | 0.30 | 0.058 | 0.014 | 余量 |

注:加黑数字为典型特征值。

超低 C 成分设计、高纯度冶炼、全程保护浇铸和适宜的轧制制度,用以确保钢板得到细晶粒且均匀性较好的铁素体组织,并降低微区间的腐蚀电位差,提升钢材的力学性能和腐蚀性能[135]。

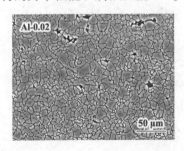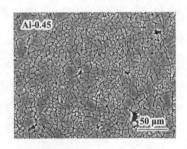

图 4.6 实验钢的光学显微组织

对比钢组织发现,Al-0.02 钢中珠光体的体积比高于 2%,而 Al-0.45 钢中的珠光体低于 1%,两者比值约为 3,即增加 Al 含量可以抑制珠光体析出同时促进铁素体生成。Al 是非碳化物固溶元素[136],当其在钢中的含量超过脱 O 需求量后,则主要以 Fe<sub>3</sub>Al 形式固溶[144],可强化铁素体组织;同时 Al 还能降低 C

在钢液中的扩散系数,抑制珠光体生成。铁素体体积比上升、珠光体下降,有利于缓解钢的局部不均匀腐蚀。

Al 含量增加,钢的屈服强度可稳定在 420 MPa 级,而抗拉强度则呈反向变化;低温冲击功下降约 35%,即钢的低温韧性显著下降;耐候性指数稍有降低。

表 4.7　实验钢的力学性能和耐候性指数

| 实验钢 | 屈服强度 $R_e$/MPa | 抗拉强度 $R_m$/MPa | 屈强比 $R_e/R_m$ | 断后伸长率 $A$/% | 低温冲击功 −40℃ $A_{KV}$/J | 耐候性指数 $I$/% | $V$ |
|---|---|---|---|---|---|---|---|
| Al-0.02 | 415 | 495 | 0.838 | 35.6 | 350 | 9.864 | 1.022 |
| Al-0.45 | 427 | 485 | 0.880 | 37.0 | 242 | 9.342 | 1.020 |
| 参考值 | 420 | — | 0.85 | ≥19 | ≥120 | ≥6.0 | ≥0.9 |

## 4.2.2　腐蚀动力学

图 4.7 为实验钢的腐蚀动力学曲线。随腐蚀时间延长,钢的腐蚀深度损失增加,但腐蚀速率下降。腐蚀 48 h 的 Al-0.45 钢腐蚀深度略大于 Al-0.02,96 和 144 h 又有所降低。腐蚀速率的变化与腐蚀深度相同,但差异表现更明显。腐蚀初期,钢基体表面全部参与腐蚀,Al 优先氧化并迅速在钢表面形成一层氧化膜,虽然有部分被含 S 酸溶解,但靠数量优势在一定程度上可以抑制腐蚀介质的侵蚀,缓解钢的中期腐蚀。

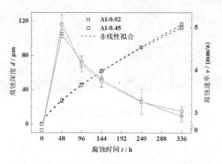

图 4.7　实验钢的腐蚀动力学曲线

二者腐蚀 240 h 的深度损失和腐蚀速率基本相同,Al-0.45 钢的耐蚀性优势不再明显;而 336 h 时又明显超过 Al-0.02,说明此时 Al-0.45 钢的腐蚀加剧,或锈层保护性急速下降。随锈层厚度增加,内部体积变化引发的长期应力积聚会导致锈层中出现裂纹,裂纹随即成为外界腐蚀粒子入侵钢基体的快速通道。而 Al 氧化物多为两性氧化物,耐酸/碱性能较差。随钢材腐蚀速率降低,Al 氧化物的生成量逐渐减少,抑制腐蚀粒子入侵的能力减弱,尤其是在裂纹生成的短时间内,难以有效发挥保护和修复作用,钢的腐蚀因此加速。

表 4.8 所示为实验钢腐蚀深度的幂函数拟合结果。其中,锈层疏松指数 $0<b_1$、$b_2<1$,即随腐蚀时间延长,单位时间内的腐蚀深度损失(腐蚀速率)下降,锈层具有保护性。又 $a_2<a_1$ 且 $b_2>b_1$,说明在含 Al 氧化膜的保护下,Al-0.45 钢的初始单位腐蚀量 a 较小,但所得锈层致密性较差或腐蚀倾向 b 较大,容易发生腐蚀。随腐蚀时间延长,两种钢的腐蚀深度差值 d 也不断变化,336 h 时最为明显 $d_2>d_1$,应该是锈层内部裂纹生成与修复的交替表现。随锈层增厚,裂纹的自修复能力有所下降,边缘 Al 氧化物抑制含 S 酸的能力较差,且短期内修复较慢,故钢基体腐蚀加剧。

表 4.8  实验钢腐蚀深度的拟合方程

| 实验钢 | 腐蚀深度损失 $d/\mu m$ | 回归系数 $r^2$ |
| --- | --- | --- |
| Al-0.02 | $1.728\,44\,t^{0.718\,29}$ | 0.998 94 |
| Al-0.45 | $1.496\,93\,t^{0.747\,68}$ | 0.999 57 |

## 4.2.3  锈层形貌与结构

### 4.2.3.1  锈层形貌

表 4.9 为实验钢腐蚀 144 h 和 336 h 时的锈层微观形貌。144 h 时,实验钢均已形成连续的锈层,并对钢基体进行保护;锈层的起伏均较大,存在多条蚯蚓状突起,突起的顶端是微小的裂纹;Al-0.02 锈层相对光滑,但二者整体差别不大。锈层基底均为疏松的颗粒状腐蚀产物,疏密分布比较均匀;Al-0.45 的颗粒尺寸较小,底部有大量杂草状腐蚀产物,应该是含 Al 矿物。

表 4.9　含 Al 锈层的微观形貌

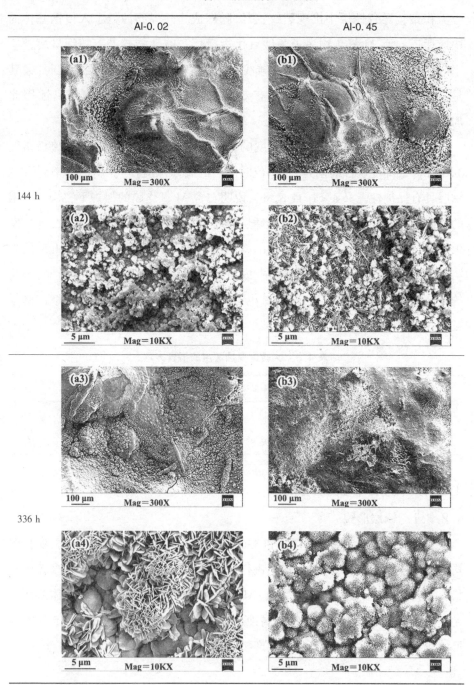

336 h 时,Al-0.02 锈层主要由团簇生长的花瓣状锈晶体和鹅卵石状锈晶体组成,它们紧密生长在一起,有利于改善锈层的稳定性;裂纹的数量明显减少,但尺寸有所增大,整体锈层的致密性提高。Al-0.45 锈层表面看似光滑,实际存在大量细小的裂纹和空隙,致密性较差;腐蚀产物颗粒为棉球状,棉球之间黏结不够紧密或各自独立,其间隙很可能是腐蚀产物被腐蚀介质侵蚀所致,这会导致锈层致密性下降并危及钢基体。

366 h 相比于 144 h,Al-0.02 腐蚀产物的结晶度明显提高,锈层致密性改善;Al-0.45 腐蚀产物形态有较大变化,锈层致密性有所下降。

### 4.2.3.2 锈层结构

表 4.10 为实验钢腐蚀 144 h 和 336 h 时的锈层截面结构及元素线扫描结果。为表征锈层的生长趋势或粒子的主要迁移方向,腐蚀前在试样 20 mm×10 mm 面上进行相同时间的金箔喷溅处理,以确保各个试样表面的喷金厚度相同。

表 4.10  含 Al 锈层的截面结构和分析

续表4.10

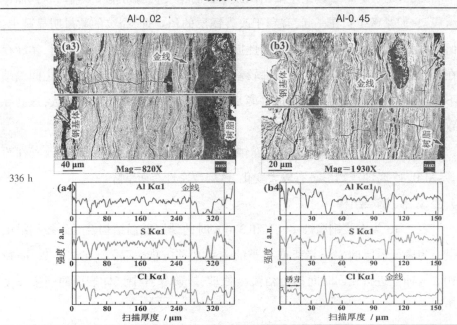

以金线为界,将金线与钢基体之间的锈层称为内部锈层,金线与镶样树脂之间的锈层称为外部锈层。锈层形貌与线扫描结果均显示:内锈层厚度明显超过外锈层,其厚度之比均大于2。说明参与腐蚀反应的粒子向内迁移的速度大于向外的速度;或者说,随腐蚀产物在钢基体表面积累,锈层致密性逐渐增强,后续新生腐蚀产物向外迁移的路径受阻而主要在内部积聚,整体锈层呈现出以向内生长为主的相对趋势。

144 h 时,Al-0.02 外锈层的致密性明显较低,内锈层中有一些与钢基体平行的小裂纹,此类裂纹预示内锈层附着性较差,但对钢基体的危害较小。元素线分布显示,S 和 Cl 主要存在于外锈层,说明内锈层的致密性较好,主要发挥保护钢基体的作用。同期 Al-0.45 的外锈层相对致密,与早期 Al 氧化物的生成有直接关系;内锈层中明显存在较大的裂纹和锈巢,有部分裂纹与钢基体成45°角,会降低锈层保护性进而危害钢基体。元素线分布显示,Al 在锈巢和裂纹处的峰强度偏低,在距离其边缘较远的地方出现聚集;S 主要分布在外锈层,与 Al 在金线附近存在一定相关性,而 Cl 在内锈层的裂纹处有明显聚集。说明锈巢形成与含 S 酸的局部酸化反应有关,而 Al 氧化物的稳定性较差,容易被含 S 酸侵蚀,导致裂纹扩大、锈巢生成,锈层致密性下降。

336 h 时,Al-0.02 外锈层更加疏松且已发生明显脱落,内锈层中裂纹尺寸增大,并且出现了锈巢和贯穿裂纹,为外界粒子滞留和直达钢基体提供了绿色通道,对钢基体的危害增大。元素线分布显示,残留的疏松外锈层边缘有 S 聚集,同时 S 还在内锈层裂纹和锈巢边缘也出现聚集,Cl 在内锈层的裂纹处出现聚集,微量 Al 没有显示出分布特征,说明 Al-0.02 锈层局部抑制 S、Cl 的能力有所下降。此时 Al-0.45 的内、外锈层局部也出现了垂直于钢基体的裂纹,锈巢的尺寸增大,锈层整体质量比 Al-0.02 稍差,但外锈层致密性仍较好;S 同样在内、外锈层的裂纹和锈巢边缘出现聚集,Al 在距锈巢边缘较远处发生聚集,再次说明锈巢的形成与含 S 酸的局部滞留侵蚀有关,而 Al 氧化物的稳定性差,遇酸易溶解,可能导致裂纹和锈巢增大,锈层致密性降低,钢基体腐蚀加剧。

## 4.2.4 铁锈物相成分

### 4.2.4.1 锈 XRD 图谱

图 4.8 为含 Al 实验钢腐蚀产物/锈的 XRD 图谱。144 h 和 336 h 时的腐蚀产物均主要由非晶和少量晶体 α-FeOOH、β-FeOOH、γ-FeOOH、$Fe_3O_4$ 等组成,Al-0.45 的腐蚀产物中还发现了 $Al_2O_3$ 和铁铝尖晶石 $FeAl_2O_4$。

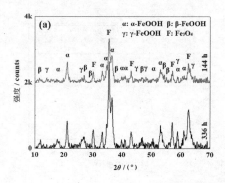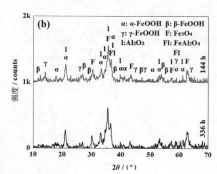

图 4.8 含 Al 锈层的 XRD 图谱

(a) Al-0.02;(b) Al-0.45

从 144 h 到 336 h，Al-0.02 锈各晶体峰的强度均明显升高，$Fe_3O_4$ 峰上升幅度最显著，$\alpha$-FeOOH 次之。同期 Al-0.45 各晶体峰强度均明显低于 Al-0.02 中对应峰；并且随腐蚀时间增加，Al-0.02 各晶体峰强度没有明显变化，仅有 $\gamma$-FeOOH 峰有所减弱。在实验完全相同时，晶体峰的强度越低，暗示其结晶数量越少，或该物相的晶体转变过程受到抑制。而由物相转换所带来的体积变化也相应减少，一定程度上有利于改善锈层的致密性。添加 Al 能显著抑制腐蚀产物的结晶，而且其抑制能力不随腐蚀时间而改变。当周围环境中有 $SO_2$ 存在时，$\gamma$-FeOOH 的生成量会相应增加，而当锈层中的含 S 酸被 Al 氧化物消耗以后，$\gamma$-FeOOH 的生成量便会相应减少。

### 4.2.4.2　锈 XPS 图谱

图 4.9 为 Al-0.45 钢腐蚀 336 h 所得腐蚀产物中含 Al 锈晶体的 XPS 图谱和标准图谱。结果显示：Al 2p 的峰值为 73.44 eV，在数据库中处于 Al 2p 标准峰 72.65 eV 与 $Al_2O_3$ 2p 标准峰 74.7 eV 之间，其化合价态应为 +3 价，对应物相应该是 $FeAl_2O_4$。$FeAl_2O_4$ 属于纳米级反尖晶石类铁氧化物，是 Al 取代 $Fe_3O_4$ 晶体中的 Fe 原子而形成的，其生成对锈层稳定性会有一定改善。分峰后还发现其他 $Al_2O_3$ 峰 71.47/74.5/77.8 eV。从峰的半高宽和面积推断，$Al_2O_3$ 在锈层中的含量也较多。在本实验弱酸性条件下，含 S 酸会与裂纹等缺陷处的 $Al_2O_3$ 发生反应，导致锈层致密性下降、保护性变差。

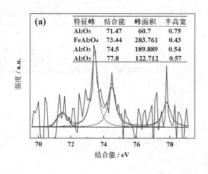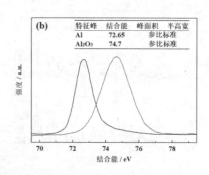

**图 4.9　含 Al 锈晶体的 XPS 图谱**

(a)Al-0.45；(b)标准图谱

## 4.2.5 腐蚀电化学

图 4.10 为实验钢腐蚀不同时间的极化曲线及其拟合结果。随腐蚀时间延长,实验钢大体呈现出腐蚀电位升高、电流密度减小的演化规律。

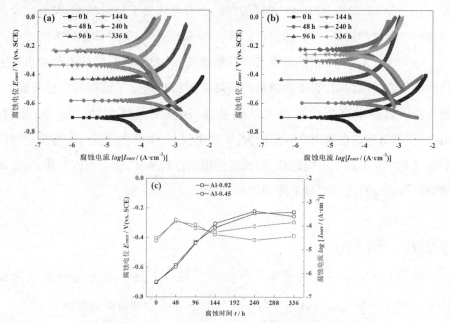

**图 4.10 实验钢的 Tafel 曲线及拟合值**

(a)Al-0.02;(b)Al-0.45;(c)实验(测试)钢

0 h 时,Al-0.45 钢表面的氧化膜中含有较多的 Al 氧化物,对腐蚀液的侵蚀起到一定缓冲作用,所以其电位较高而电流较小。但氧化膜很快被破坏,钢基体与液膜直接接触,腐蚀进入全面加速状态,此时阳极和阴极的电流密度都迅速增大。阳极反应主要为铁素体的溶解,Al-0.45 钢中还伴有 Al 的氧化,而阴极反应主要为氧的去极化。

48 h 时,Al-0.02 钢所生锈层已经开始保护钢基体,阳极斜率增大、电流密度随之下降;与此同时,锈层的还原反应增强,O 的去极化反应减弱,阴极电流密度也开始减小。Al-0.45 钢表面的新生 Al 氧化物膜被含 S 酸侵蚀而变得疏松,Al、Fe 通过这些缺陷仍能与 O 和腐蚀液直接反应,故 Al-0.45 钢的腐蚀电位偏低、电流密度较大。

腐蚀处于 48~240 h 之间,两种带锈钢的锈层保护性能均不断增强,钢基体的腐蚀受到抑制,锈层的还原也持续增强,O 的去极化反应继续减弱,因此腐蚀电位升高、电流密度减小。随腐蚀时间延长,Al-0.45 钢的腐蚀电位增幅超过 Al-0.02,说明此阶段 Al-0.45 锈层的保护能力总体处于稳定状态,没有危及钢基体的大裂纹和锈巢,而且锈层有足够的自修复能力来弥补缺陷带来的破坏。

240 h 时,Al-0.45 钢的电流密度突然增大,到 336 h 时,腐蚀电位也出现下降。说明到腐蚀后期,裂纹和锈巢的破坏速度已经超过了锈层的自修复能力,外界粒子通过垂直裂纹可以直达钢基体,加剧钢基体腐蚀。而 336 h 时,Al-0.02 带锈钢的电流密度有所增大,腐蚀电位与 240 h 时相近,这与垂直裂纹的生成有主要关系。不同的是,其锈层的稳定性较高,内锈层致密性较好,因此腐蚀电位并没有出现明显下降的现象。

## 4.2.6 腐蚀机理

遭受工业尾气污染的沿海大气的湿热条件下,$SO_2$ 与水蒸气结合生成 $H_2SO_3$,并进一步氧化成 $H_2SO_4$,$H_2SO_3$ 和 $H_2SO_4$ 都会加速钢的腐蚀。

$$SO_2+H_2O \longrightarrow H^++HSO_3^-$$
$$2HSO_3^-+O_2 \longrightarrow 2H^++2SO_4^{2-}$$
$$2H^++Fe \longrightarrow Fe^{2+}+H_2 \uparrow \qquad (4.4)$$
$$4H^++2Fe+O_2 \longrightarrow 2Fe^{2+}+2H_2O$$
$$3H^++Fe(OH)_3 \longrightarrow Fe^{3+}+3H_2O$$

钢中添加少量 Al 时,Al 会优先氧化或腐蚀,并生成纳米级 Al 氧化物。少量 Al 氧化物会被含 S 酸溶解,但绝大部分会吸附在钢表面,与 Fe 的腐蚀产物结合在一起,使锈层的致密性得到一定改善。

$$4Al+3O_2 \longrightarrow 2Al_2O_3$$
$$Al_2O_3+6H^+ \longrightarrow 2Al^{3+}+3H_2O \qquad (4.5)$$
$$Fe^{2+}+2Al^{3+}+8OH^- \longrightarrow FeAl_2O_4+4H_2O$$

随腐蚀进行,锈层厚度增加。受外锈层阻挡,新生腐蚀产物主要在钢/锈界面积聚,锈层呈现出向内生长的相对趋势。内部腐蚀反应会引起体积变化和应力产生,同时应力又被外锈层紧紧束缚而得不到及时释放。当积聚的应力超过局部锈层束缚的极限值,多会在锈层干燥阶段或水分蒸发后期而突然释放,裂纹随即产生。外界粒子沿着裂纹一路侵蚀,不但会破坏锈层结构,还可能加剧钢基体腐蚀。而含 S 酸不但会侵蚀裂纹致其尺寸扩大,还会滞留在锈层内部并将其周围侵蚀成锈巢。长期侵蚀可能导致锈层内部相邻区域的结构差异增大、剪应力上升,进而垂直于钢基体的裂纹生成,钢基体腐蚀危险随之增大。

Al 氧化物的稳定性和黏结性较差,遇酸易被溶解。虽然 Al-0.45 锈层在早期就出现了裂纹,但那时可以被过量 Al 氧化物修复。到腐蚀后期,锈巢和裂纹的尺寸明显增大,且位置较深,还有垂直/贯穿裂纹生成,含 Al 矿物的补充不足,难以阻挡腐蚀介质的侵蚀,导致钢基体腐蚀恶化。

## 4.2.7 小 结

(1)湿热沿海工业大气中,$SO_2$ 遇 $H_2O(g)$ 生成酸,会加速钢的腐蚀;实验钢的腐蚀深度损失遵循幂函数分布规律。随腐蚀时间延长,锈层增厚、保护性增强,腐蚀速率降低;受湿热条件驱动和外锈层的束缚,新生腐蚀产物主要附着在钢/锈界面,锈层呈现出以向内生长为主的相对趋势。

(2)Al 能强化铁素体组织,优先氧化并生成细晶粒 $Al_2O_3$ 和 $FeAl_2O_4$ 保护膜,改善锈层的致密性和提高钢的腐蚀电位;还能抑制腐蚀产物结晶,降低内部体积变化对锈层结构的危害。这些均有利于缓解钢基体腐蚀。

(3)但 Al 会降低钢的抗拉强度和低温冲击韧性。Al 氧化物的稳定性较差,容易被含 S 酸溶解。尤其在腐蚀中后期,纵深裂纹边缘的含 Al 矿物数量补充受限,难以阻挡含 S 酸侵蚀,导致裂纹增大、锈巢形成,锈层结构破坏,钢基体腐蚀恶化。

## 4.3 Ca 对桥梁钢耐湿热腐蚀性能的影响

Ca 处理是一项技术成熟且应用广泛的精炼手段。主要目的是通过对钢液深度脱 O、脱 S 和夹杂物改性,来提高钢材的洁净度和均匀性[145,146]。研究发现[147-152],微量 Ca 在改善钢材组织和性能方面具有重要作用。Ca 常在奥氏体晶界偏聚,对晶界起钉扎作用;能使 C 化物弥散分布,增加针状铁素体的形核概率,改善钢材的塑性;能细化晶粒,提升钢材的强度;能显著抑制 S 在晶界的偏聚,减少裂纹生成,增强钢材的冲击韧性;能使 S 化物变性并球化,消除钢材的各向异性,降低点蚀敏感性,并改善切削性能;能促进 C、Cr、Si 的晶界偏聚,帮助改善钢材的淬透性和耐磨性;还能有效阻止魏氏组织生成,提高焊接热影响区的强韧性;Ca+Ti、Ca+Re 等复合加入时,钢材的组织和性能会进一步改善。前人的研究多集中在力学性能和焊接性能方面,而对腐蚀性能的关注较少。

近些年来,我国工业飞速发展,消耗的化石燃料急剧增加,导致大气中 $SO_2$ 的含量不断升高,钢材腐蚀因此加重。尤其在湿热的海滨环境中,大量的 $H_2O$(g)促进了 $SO_2$、Cl 盐等腐蚀性粒子的吸附、电离和运动,进而破坏钢表面的保护膜,加速钢的腐蚀,对跨海大桥的服役安全和使用寿命构成了严重威胁。在腐蚀过程中,铁素体电位低、易失电子被氧化(阳极反应),阴极反应主要是溶解 $O_2$ 的还原。抵抗大气腐蚀的主要方法之一是发展耐候钢,即通过添加微量耐蚀元素来提高钢材的腐蚀电位,改善锈层结构和性质,进而增强钢材的耐蚀性能。Ca 元素优势突出且价格低廉,自然应该受到关注。为此我们通过室内加速腐蚀实验,考察了微量 Ca 对桥梁钢腐蚀性能的影响。

### 4.3.1 成分与性能

表 4.11、图 4.11 和表 4.12 分别为含 Ca 桥梁钢板的实测化学成分、光学显微组织、力学性能和预测耐候性参数。其中,桥梁钢中 Ca 的梯度为 0 和 0.001。

表 4.11　含 Ca 桥梁钢的化学成分( 质量百分比, %)

| 桥梁钢 | C | Si | Mn | P | S | Al | Ni | Cu | **Ca** | Nb | Ti |
|---|---|---|---|---|---|---|---|---|---|---|---|
| No. 00 | 0.035 | 0.25 | 0.75 | 0.018 | 0.001 | 0.02 | 0.20 | 0.32 | **0.000** | 0.06 | 0.01 |
| No. 14 | 0.034 | 0.25 | 0.75 | 0.016 | 0.001 | 0.02 | 0.20 | 0.32 | **0.001** | 0.06 | 0.01 |

　　光学显微组织显示：基础钢 Ca-0.000 主要由铁素体和少量珠光体组成。经 Ca 处理后，Ca-0.001 钢中珠光体基本消失，半数铁素体晶粒明显细化，但晶粒间尺寸差异凸显。

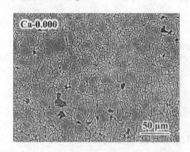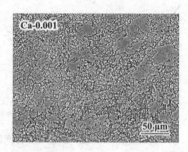

图 4.11　实验钢的光学显微组织

　　珠光体电位高于铁素体，在腐蚀过程中为阴极，周围铁素体不断溶解，会引发钢基体的不均匀腐蚀，腐蚀最深的部位常会导致钢材过早失效。Ca 能钉扎奥氏体晶界和促进 C 化物弥散分布[148]，有利于铁素体的生成和晶粒的细化。铁素体晶粒细化则晶界增多，所得腐蚀产物不断被晶界分割，其颗粒自然细小，有利于提升锈层的致密性，防止钢基体的不均匀腐蚀。经 Ca 处理后，钢材强度有所改善，其他实测力学性能和预测耐候性指数基本没有变化。

表 4.12　实验钢的力学性能和耐候性指数

| 实验钢 | 屈服强度 | 抗拉强度 | 屈强比 | 断后伸长率 | 低温冲击功 | 耐候性指数 | |
|---|---|---|---|---|---|---|---|
| | $R_e$/MPa | $R_m$/MPa | $R_e/R_m$ | $A$/% | $-40℃$ $A_{KV}$/J | $I$/% | $V$ |
| Ca-0.000 | 415 | 495 | 0.838 | 35.6 | 350 | 9.864 | 1.022 |
| Ca-0.001 | 417 | 500 | 0.834 | 38.5 | 349 | 9.864 | 1.022 |
| 参考值 | 420 | — | 0.85 | ≥19 | ≥120 | ≥6.0 | 0.9~2.5 |

### 4.3.2　腐蚀动力学

图 4.12 为实验钢在模拟湿热 C&S 中的腐蚀动力学曲线。随腐蚀时间延长,实验钢的腐蚀深度增加,腐蚀速率在迅速达到极大值后逐渐下降。Ca 处理钢 Ca-0.001 的腐蚀深度和腐蚀速率均明显低于基础钢 Ca-0.000。到腐蚀中后期,二者的腐蚀速率斜率/加速度基本相同,腐蚀深度差值继续增大。可见 Ca 处理能改善钢材的腐蚀性能,其优势随腐蚀时间延长而显著。

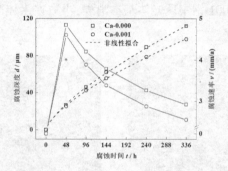

**图 4.12　实验钢的腐蚀动力学曲线**

对实验钢随时间的腐蚀深度数据进行非线性拟合,结果示于表 4.13。腐蚀深度损失趋势遵循幂函数分布规律,回归系数均大于 0.99。其中:初始单位腐蚀量 $0 < a_1 < a_2$,锈层疏松指数 $0 < b_2 < b_1 < 1$,即 Ca-0.001 钢的初始腐蚀速率较快,所生锈层致密性较好。

**表 4.13　实验钢腐蚀深度的拟合方程**

| 实验钢 | 腐蚀深度 $d/\mu m$ | 回归系数 $r^2$ |
| --- | --- | --- |
| Ca-0.000 | $1.728\,44\,t^{0.718\,29}$ | 0.998 94 |
| Ca-0.001 | $1.895\,96\,t^{0.678\,93}$ | 0.999 22 |

根据特定环境中已有腐蚀数据,拟合得到的幂函数方程,主要用于预测钢材在该环境中的使用寿命。室外试验表明[65],初期腐蚀速率较快且变化较大,以此来预测钢材的腐蚀损失往往较高;稳定锈层生成通常需要 3 年以上,彼时数据用于评估则更接近实际情况,但仍需要增加腐蚀余量。

### 4.3.3 锈层微观结构

表 4.14 为实验钢腐蚀所得锈层的截面结构。144 h 时,基础钢 Ca-0.000 的锈层致密性总体较好,也存在一些裂纹和疏松等缺陷,且多分布于内锈层,势必会降低内锈层的致密性。Ca 处理钢 Ca-0.001 的锈层纹理清晰,致密性明显较高,其内锈层中存在一条较大的裂纹,其他的裂纹和疏松均比 Ca-0.000 锈层中的细小,而且基本与钢基体平行,对锈层的威胁较小。

表 4.14　含 Ca 锈层的截面结构

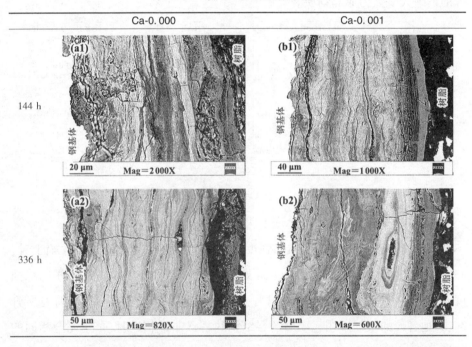

336 h 时,基础钢 Ca-0.000 的锈层致密性明显改善,腐蚀纹理清晰;内锈层出现一条较大裂纹,但平行于钢基体;同时出现了垂直于钢基体的贯通裂纹,对内锈层构成严重威胁,很可能会加剧钢基体的局部腐蚀。Ca 处理钢 Ca-0.001 的内锈层致密性进一步提高,虽然也有垂直裂纹,但只存在于外锈层,锈层整体结构较为致密。

随锈层厚度增加,钢基体与外界环境的直接联系减弱,腐蚀过程主要受内部滞留腐蚀液的影响[65]。锈层致密性较好时,外界腐蚀液主要通过扩散作用进入锈层,对钢基体和锈层结构的威胁较小。当有裂纹产生时,腐蚀液会通过裂纹快速进入并滞留,对局部锈层和钢基体的威胁增大。裂纹数量越多、尺寸越大,带来的威胁也越大,以垂直于钢基体的贯通裂纹最为危险。

### 4.3.4 铁锈物相成分

图 4.13 为实验钢在湿热 C&S 中腐蚀所得产物/锈的 XRD 图谱。Ca 处理前后,锈晶体均主要由 α-FeOOH、β-FeOOH、γ-FeOOH 和 $Fe_3O_4$ 等组成,除此之外的锈绝大多数为非晶物质。

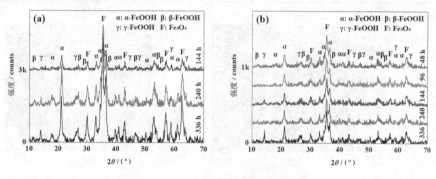

图 4.13　含 Ca 锈层的 XRD 图谱

(a) Ca-0.000；(b) Ca-0.001

Ca-0.000 锈中各晶体相的峰强度在 144 h 时还较低,240 h 时大幅上升,336 h 时继续升高,但增幅很小。Ca 处理后的 Ca-0.001 锈中各晶体相的峰强度明显很低,且整个腐蚀周期内只有 γ-FeOOH 和 $Fe_3O_4$ 峰在 336 h 时有所升高,其他各峰的波动不明显。当锈层结构致密且非常相近时,采用完全相同的 XRD 实验过程,所得 XRD 图谱中,相同衍射角度的晶体峰值越高,意味着其结晶度越好、数量(比例)越多[81]。很明显,Ca 抑制了腐蚀产物/锈的结晶过程。

前人研究[26,84]认为,β-FeOOH 是 $Cl^-$ 的载体,其稳定性很差,是加剧钢材腐蚀的主要原因。在相变过程中,β-FeOOH 会向 γ-FeOOH 转变,而 γ-FeOOH 又会向 α-FeOOH 转变,其稳定性依次升高,有利于提高锈层的稳定性。$Fe_3O_4$ 则被认为是 γ-FeOOH 的还原产物,一定程度上会帮助改善锈层致密性。

锈层保护性还与裂纹等缺陷密切相关。在整个腐蚀期间,Ca 抑制了腐蚀产物的转变,使各晶体物相的比例基本保持稳定,从而减少了物相转变过程所产生的内应力,降低了裂纹等缺陷发生的概率,减少了其对锈层的破坏。

## 4.3.5　腐蚀电化学与机理

### 4.3.5.1　极化曲线

图 4.14 为实验钢腐蚀不同时间的极化曲线及其数值拟合结果。随腐蚀时间延长,实验钢的腐蚀电位升高,腐蚀电流在初期快速增大后逐渐减小。说明锈层形成后,保护性能持续改善。与 Ca-0.000 钢相比,Ca-0.001 裸钢的阳极斜率略小、阴极斜率略大(均指绝对值),腐蚀电流明显较小、腐蚀电位高 0.002 8 V,应该是钢中 CaO 复合物[149,150]遇水生成 Ca(OH)$_2$ 碱性膜[152]期间,钢表面变粗糙,与溶解 O$_2$ 的接触面积增大,初始腐蚀相应加速,阳极斜率减小。钢表面附近溶解 O$_2$ 很快被消耗殆尽,电子产生短暂的浓度极化,阴极斜率也增大。随 Ca(OH)$_2$ 碱性膜形成,钢的快速腐蚀被暂时抑制,腐蚀电流减小。

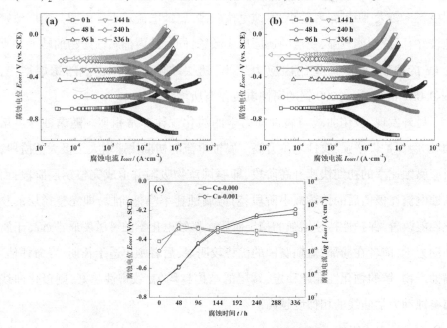

**图 4.14　实验钢的 Tafel 曲线及拟合值**

(a)Ca-0.000;(b)Ca-0.001;(c)实验(测试)钢

腐蚀 48 h 时,两种钢的阳极斜率明显增大、阴极斜率减小,腐蚀电位升高、腐蚀电流看似大幅增大实则快速减小(阴极有锈层还原)。此时 Ca-0.001 钢的阳极、阴极斜率和腐蚀电流均稍大于 Ca-0.000 钢,而腐蚀电位略低。腐蚀初始,钢全面参与腐蚀,腐蚀速率迅速上升[33,85],电流会出现极大值;同时腐蚀产物大量生成,并逐渐吸附在钢表面而形成锈层,抑制钢的快速腐蚀,阳极腐蚀电流减小,阳极斜率和腐蚀电位随之增大。此时锈层的致密性较差,溶解 $O_2$ 仍能与钢基体直接反应,锈层的还原也开始增强,故阴极斜率减小。而 Ca-0.001 钢在碱性膜的保护下,钢基体溶解受到的抑制较强,故阳极斜率较高。碱性保护膜的形成和破坏过程会推迟钢基体的全面腐蚀,Ca-0.001 钢的锈层生成速度较慢,溶解 $O_2$ 的还原较 Ca-0.000 稍快,相互之间存在一定的时间差,故其腐蚀电流和阴极斜率较大,而电位略低。

48 h 以后,两种钢的锈层逐渐增厚,保护性增强,因此腐蚀电位上升,腐蚀电流减小,阳极和阴极斜率总体趋于稳定。与 Ca-0.000 钢相比,Ca-0.001 钢的阳极斜率较大、阴极斜率较小,腐蚀电位较高、腐蚀电流较小。说明其锈层致密性较好、保护性能较强,锈层的还原反应频繁;同时其内部腐蚀产物的转变一直受 Ca 的抑制,反应产生的内应力较小,锈层缺陷相应减少。随锈层增厚,Ca-0.001 钢与 Ca-0.000 钢的腐蚀电位差有所增大。

另外发现:极化曲线与腐蚀动力学的演化规律非常相似。随腐蚀深度增加/锈层保护性增强,腐蚀电位升高。腐蚀电流的初期快速增大至极大值阶段,对应腐蚀速率的初期快速升高阶段,即腐蚀产物吸附并形成完整锈层阶段;而腐蚀电流在极值后的持续减小阶段,对应腐蚀速率降低阶段,即完整锈层的物化性能改善、保护性持续增强的稳定阶段。腐蚀电化学的灵敏度通常远高于腐蚀动力学,前者在局部/短期腐蚀的优势较明显,后者则更适于长期/寿命评估。腐蚀产物/锈的物化性能越稳定、锈层的结构越均匀/致密性越好,则极化曲线与腐蚀动力学曲线的相似度越高。

### 4.3.5.2　交流阻抗

图 4.15、4.16 分别为实验钢腐蚀前、后的交流阻抗谱(EIS)及相应的等效

电路和拟合值。其中，$R_s$、$R_r$、$R_{ct}$ 分别代表（工作电极与参比电极之间的）溶液电阻、锈层电阻和（工作电极表面的）电荷转移电阻，常相位角元件 $Q_s$、$Q_r$、$Q_{dl}$ 分别代表溶液相移电容、锈层电容和双电层电容，$Z_w$ 为 Warburg 扩散阻抗。

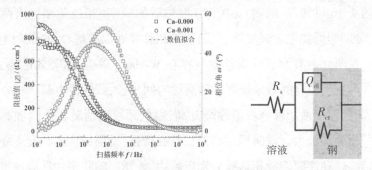

**图 4.15　腐蚀前实验钢的交流阻抗谱及等效电路 $R(QR)$**

由图 4.15 可知，基础钢 Ca-0.000 腐蚀前的频率-相位角图中只有一个中频峰（10 Hz），是钢表面以溶解 $O_2$ 还原为主的阴极还原相位峰，当 $SO_2$ 浓度极化使腐蚀液膜的 pH 值降到 4 以下时，可能还有 $H^+$ 的还原。说明此时只有一个时间常数，用等效电路 $R(QR)$ 拟合的效果较好。实测值与拟合值之间的偏差反映了裸钢表面粗糙度偏离理想值的程度。随腐蚀时间延长，溶解 $O_2$ 的还原峰会向低频端移动，并伴随峰值的下降，即溶解 $O_2$ 的还原被抑制[85]。频率-阻抗模值图中，此时高频段（>100 Hz）锈层电阻的模值为 0，低频段（<0.3 Hz）电荷转移电阻的模值很大。此期间的腐蚀过程描述为：

阳极溶解：
$$Fe \longrightarrow Fe^{2+} + 2e^- \qquad (4.6)$$

阴极还原：
$$O_2 + H_2O + 4e^- \longrightarrow 4OH^- \qquad (4.7)$$

$SO_2$ 水解：

$$SO_2 + H_2O \longrightarrow H^+ + HSO_3^-$$

$$2HSO_3^- + O_2 \longrightarrow 2H^+ + 2SO_4^{2-} \qquad (4.8)$$

$$2H^+ + 2e^- \longrightarrow H_2 \uparrow$$

Ca 处理后 Ca-0.001 钢的中频峰峰值下降、宽度增大且频率降低，低频电荷转移电阻的模值增大且频率降低，说明钢表面的 $Ca(OH)_2$ 碱性膜抑制了以

溶解 $O_2$ 扩散为主的阴极还原过程。Ca 的作用描述为：

CaO 复合物水解：

$$CaO+H_2O \longrightarrow Ca(OH)_2 , CaO+SO_2 \longrightarrow CaSO_3 \qquad (4.9)$$

由图 4.16 可知，基础钢 Ca-0.000 腐蚀后的频率–相位角图中有两个峰和一个谷，分别为低频电荷转移峰、高频溶液相移峰和以溶解 $O_2$ 扩散为主的阴极还原谷。说明此时有两个反应常数且存在 Warburg 效应，用等效电路 $R(Q(R(Q(RW)))))$[33] 拟合的效果较好。随腐蚀时间延长，低频段电荷转移峰存在小幅波动，高频段溶液相移峰峰值逐渐升高，而低频段电荷转移电阻和高频段锈层电阻的模值均增大。说明锈层的保护性在增强，锈层结构还在发生变化。低频电荷转移峰和高频溶液相移峰分别反映内、外锈层的状态和性质。当内锈层中有裂纹、疏松等缺陷时，会成为腐蚀粒子入侵的快速通道和滞留场所，钢/锈界面分布不均匀的腐蚀粒子与钢基体的反应会引发低频电荷转移峰的波动。高频溶液相移峰升高说明参比电极与锈层间溶液的相移增多，即外锈层变疏松使更多的腐蚀产物进入溶液。

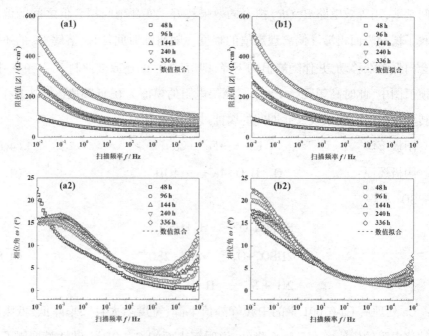

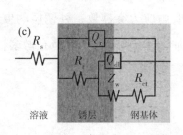 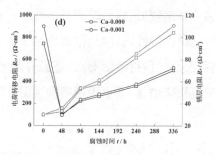

图 4.16 腐蚀后实验钢的交流阻抗图谱、

等效电路 $R(Q(R(Q(RW))))$ 和数值拟合结果

此阶段的腐蚀过程描述为：

锈层形成：$Fe^{2+}-e^-+3OH^- \longrightarrow Fe(OH)_3 \longrightarrow FeOOH+H_2O$ $\qquad$ (4.10)

晶体转变：$\beta-FeOOH(Cl^-) \longrightarrow \gamma-FeOOH \longrightarrow \alpha-FeOOH$ $\qquad$ (4.11)

锈层还原：

$$8Fe(OH)_3+Fe^{2+}+2e^- \longrightarrow 3Fe_3O_4+12H_2O$$

$$8\gamma-FeOOH+Fe^{2+}+2e^- \longrightarrow 3Fe_3O_4+4H_2O$$

$\qquad$ (4.12)

CaO 复合物转变：

$$CaO+H_2O \longrightarrow Ca(OH)_2$$

$$Ca(OH)_2+HSO_3^-+H^+ \longrightarrow CaSO_3+2H_2O$$

$$2CaSO_3+O_2 \longrightarrow 2CaSO_4\downarrow$$

$\qquad$ (4.13)

腐蚀 48 h 时,Ca-0.000 带锈钢的低频电荷转移峰值较高、频率较低,说明初期腐蚀形成的锈层抑制了溶解 $O_2$ 的还原,锈层自身的还原相应增强。48 h 之后,低频电荷转移峰的频率升高后趋于稳定,而峰值却明显降低且有小幅波动,可能其内锈层中长期存在裂纹、疏松等缺陷,溶解 $O_2$ 的还原在阴极还原中仍占较大比例。

与之相比,Ca-0.001 钢腐蚀 48 h 时的低频电荷转移峰值和电阻均较小,应该是碱性保护膜的形成和破坏过程推迟了钢基体的全面腐蚀,导致此时的锈层致密性较差。48 h 之后,其低频电荷转移电阻和高频锈层电阻均高于 Ca-0.000 钢,而且高频溶液相移峰的频率较高、峰值较低且波动很小,低频电荷转移峰频率较低、峰值较高且 240 h 后有较大幅度升高,说明其外锈层致密性和内锈层保护性均较好,但到腐蚀中后期,内应力突破致密外锈层的束缚后引发裂纹生成,使得溶解 $O_2$ 的还原有所增加,$\gamma\text{-FeOOH}$ 生成量稍有增多,而锈层还原也快速增强,新生内锈层的致密性随之改善。

## 4.3.6  小  结

(1)Ca 处理前后,钢的腐蚀深度随时间的演化曲线符合幂函数分布规律;腐蚀产物主要由非晶物质和少量 $\alpha\text{-FeOOH}$、$\beta\text{-FeOOH}$、$\gamma\text{-FeOOH}$ 和 $Fe_3O_4$ 等晶体组成。

(2)微量 Ca 能改性夹杂物,进而改善钢的力学性能;能促进铁素体生成,缓解钢的不均匀腐蚀;能强化表面保护膜,增强钢的自防护性能;能细化组织晶粒,进而细化锈层颗粒;能抑制腐蚀产物的晶体转变,减少裂纹、疏松等缺陷生成,进而提高锈层的致密性。

(3)极化曲线随时间的演化规律与腐蚀动力学曲线存在一定相关性。当腐蚀产物稳定性好、锈层结构致密时,二者可相互印证。

## 4.4  桥梁钢焊接接头组织与初始腐蚀行为

近十几年来,高性能耐候桥梁钢在国内逐渐受到推崇,它要求在保证和改善力学性能的同时,还应具有良好的焊接性能和耐腐蚀性能。当碳当量或焊接敏感系数降低到一定数值后,钢材在常温条件下无须预热即可进行焊接操作,并得到较好的焊接性能,进而提升桥梁的建设速度。然而,焊接接头的成分和组织很不均匀,与母材的性能差距常常较大,给桥梁运行安全带来很大隐患[153-158]。因此,有必要对桥梁钢的焊接方式、焊接接头的力学性能和耐腐蚀性能进行研究。

本节主要采用埋弧自动焊接、力学试验和溶液滴定等方法,研究了桥梁钢焊接接头的组织、力学性能和初始腐蚀行为,并对比分析了 Ca、Re 和 Cr 的影响,以期为桥梁钢的焊接和腐蚀提供理论支撑。

## 4.4.1 实验与材料

### 4.4.1.1 钢成分与可焊性

焊接试验用含 Ca、Re 和 Cr 桥梁钢板的化学成分及预测性能参数分别示于表 4.15 和 4.16。

表 4.15 桥梁钢的化学成分(质量百分比,%)

| 桥梁钢 | C | Si | Mn | P | S | Ni | Cu | Cr | Ca | Re | Fe |
|---|---|---|---|---|---|---|---|---|---|---|---|
| No. 00 | 0.035 | 0.25 | 0.75 | 0.018 | 0.001 | 0.20 | 0.32 | — | | — | 余量 |
| No. 14 | 0.034 | 0.25 | 0.75 | 0.016 | 0.001 | 0.20 | 0.32 | — | 0.001 | — | 余量 |
| No. 11 | 0.035 | 0.22 | 0.69 | 0.018 | 0.001 | 0.22 | 0.29 | — | | 0.01 | 余量 |
| No. 10 | 0.035 | 0.22 | 0.68 | 0.016 | 0.001 | 0.23 | 0.30 | 0.45 | — | 0.01 | 余量 |

注:Al 0.02、Nb 0.06、Ti 0.01、O<20 ppm、N<40 ppm。

根据化学成分,由下列公式计算/预测性能参数,合金元素代表其在钢板中的质量百分比(mass%)。

$$Cev\ (\%,IIW) = C+Mn/6+(Cr+Mo+V)/5+(Ni+Cu)/15$$
$$Ceq\ (\%,JIS) = C+Mn/6+Si/24+Ni/40+Cr/5+Mo/4+V/14 \tag{4.14}$$

参考成分范围:$C \leq 0.20$、$Si \leq 0.55$、$Mn \leq 1.5$、$Cu \leq 0.50$、$Ni \leq 2.5$、$Cr \leq 1.25$、$Mo \leq 0.70$、$V \leq 0.1$、$B \leq 0.006$;

$$CE\ (\%,AWS) = C+Mn/6+Si/24+Ni/15+Cr/5$$
$$+Mo/4+Cu/13+P/2 \tag{4.15}$$

参考成分范围:$C \leq 0.60$、$Mn \leq 1.6$、$Cu\ 0.50 \sim 1.0$、$Ni \leq 3.3$、$Cr \leq 1.0$、$Mo \leq 0.60$、$P\ 0.05 \sim 0.15$,当 Cu<0.50% 和 P<0.05% 时可不计;

$$Pcm\ (\%,日本) = C+Si/30+(Mn+Cu+Cr)/20+Ni/60$$
$$+Mo/15+V/10+5B \tag{4.16}$$

参考成分范围:$C\ 0.07 \sim 0.22$、$Si \leq 0.60$、$Mn\ 0.40 \sim 1.40$、$Cu \leq 0.50$、$Ni \leq 1.20$、$Cr \leq 1.20$、$Mo \leq 0.70$、$V \leq 0.12$、$Nb \leq 0.04$、$Ti \leq 0.05$、$B \leq 0.005$;

$$I(\%,ASTM)=1.49Si+3.88Ni+26.01Cu+1.20Cr+17.28P$$
$$-7.29\%NiCu-9.10\%NiP-33.39\%Cu^2 \tag{4.17}$$

参考 Larrabee-Coburn 成分范围:Si 0.10~0.64,Cu 0.012~0.510,Ni 0.05~
1.10,Cr 0.10~1.30,P 0.01~0.12;

$$V(日本)=1 \left/ \begin{bmatrix} (1.0-0.16C)\times(1.05-0.05Si)\times(1.04-0.016Mn) \\ \times(1.0-0.5P)\times(1.0+1.9S)\times(1.0-0.10Cu) \\ \times(1.0-0.12Ni)\times(1.0-0.3Mo)\times(1.0-1.7Ti) \end{bmatrix} \right.$$

$$(4.18)$$

表 4.16　桥梁钢的预测性能参数

| 桥梁钢 | 板厚 /mm | 常温可焊性指数/% | | | | 耐候性指数 | |
| --- | --- | --- | --- | --- | --- | --- | --- |
| | | Cev | Ceq | Pcm | CE | I/% | V |
| No.00 | 12 | 0.185 | 0.167 | 0.097 | 0.22 | 9.349 | 1.017 |
| No.14 | 12 | 0.185 | 0.167 | 0.097 | 0.19 | 9.349 | 1.017 |
| No.11 | 12 | 0.185 | 0.167 | 0.097 | 0.19 | 9.349 | 1.017 |
| No.10 | 12 | 0.275 | 0.257 | 0.119 | 0.28 | 9.889 | 1.017 |
| 参考值 | ≤13 | ≤0.46 | ≤0.42 | ≤0.22 | 见图 5.1 | ≥6.0 | 0.9~2.5 |

图 4.17 为钢材碳当量 CE(%,AWS)与板厚 $\delta$ 的关系图。本节焊接用四种钢板的厚度均为 12 mm,根据表 4.16 中各项参考值及图 4.17 中可焊性分级可知,它们均具有优良的常温焊接性能,焊前不需要预热。

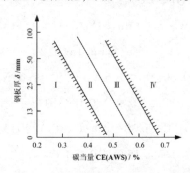

图 4.17　钢碳当量 CE 与板厚的关系图

Ⅰ—优良;Ⅱ—较好;Ⅲ—尚好;Ⅳ—难焊

#### 4.4.1.2 焊接与力学试验

焊接钢板的初始尺寸为 12 mm×100 mm×140 mm,焊接带与轧制方向垂直,打磨至露出全部基体,并保持干燥无油脂。参照 GB/T 985.2 标准,选择双面平对接焊缝坡口形式,将两块钢板的对接间隙设定为 2 mm。焊前将保护焊剂 SJ 101 在 350 ℃ 烘干不少于 2 h,并随焊随取;埋弧焊丝 JQ. TH550-NQ-Ⅲ 保持干燥无油脂,焊丝与熔敷金属参数示于表 4.17 和 4.18。在室温条件下,采用 Idealarc DC-1000 双丝埋弧焊机,对桥梁钢进行双面单道次埋弧自动焊接,正面焊完清根后继续反面焊接,试验所得最佳焊接工艺参数为:575 A-27 V-45 cm/min。

焊接接头的室温拉伸和低温冲击试验同第 3 章,将焊缝保持在试样的正中部。断口形貌用 Ultra Plus 型场发射扫描电镜观察。

表 4.17　埋弧焊丝与熔敷金属的化学成分(质量百分比,%)

|  | C | Si | Mn | P | S | Ni | Cu | Cr |
|---|---|---|---|---|---|---|---|---|
| 埋弧焊丝 | ≤0.12 | ≤0.35 | 1.00~2.00 | ≤0.025 | ≤0.020 | 0.20~0.80 | 0.20~0.50 | 0.30~0.90 |
| 熔敷金属 | 0.076 | 0.33 | 1.32 | 0.014 | 0.009 | 0.30 | 0.21 | 0.44 |

表 4.18　熔敷金属的力学性能

|  | 屈服强度 $R_{p0.2}$/MPa | 抗拉强度 $R_n$/MPa | 断后伸长率 $A$/% | 冲击吸收功-40℃ $A_{KV}$/J |
|---|---|---|---|---|
| 熔敷金属 | ≥450 | ≥550 | ≥22 | ≥60 |

#### 4.4.1.3 初始腐蚀实验

腐蚀试样以焊缝为中心,左右沿轧制方向各取长度 50 mm,将其四个长面打磨、抛光后备用。选用 0.1 mol/L NaCl 溶液和 0.1 mol/L $NaHSO_3$ 溶液作为腐蚀介质,分别模拟焊接接头在海洋大气和工业大气中的初期腐蚀行为。在备用试样的长面上滴加等量的腐蚀溶液,使之形成 40 μL/cm² 的均匀液膜,分别保持浸润 1 min、3 min 和 4 min,之后迅速用去离子水清洗、无水酒精脱水、吹风机吹干,并在 Carl Zeiss 光学显微镜下观察焊接接头的组织形貌;对溶液腐蚀过的试样长面,继续用 4% 的硝酸酒精进行二次浸蚀,依次处理后在显微镜下进行原位观察;最后对比各溶液侵蚀前后的钢组织形貌及相关性。

### 4.4.2 形貌、组织与性能

#### 4.4.2.1 焊接形貌

表 4.19 所示为四种焊接接头及其拉伸试样的宏观形貌。熔敷金属覆盖宽度约为 30 mm,即以焊前焊缝为中心,左右沿轧制方向 15 mm 以内的区域均为熔敷金属的覆盖范围。而拉伸试样的断裂位置距焊缝中心约为 30 mm 处,即焊接热影响区,说明焊接热影响区的强度明显低于熔合区和母材。

表 4.19　焊接接头及其拉伸试样的宏观形貌

表 4.20 所示为四种焊接接头的冲击试样及其断口形貌。冲击试样的 V 型开口中心为焊缝,故断口微观形貌为焊缝的断裂形貌。断口形貌主要为解理刻面和撕裂棱,面积分别占到 90% ~ 95%、98% ~ 100%、80% ~ 85%、50% ~ 55%,说

明脆性很大、韧性较差,焊缝处主要为脆性断裂。Ca 处理后的 14#钢,焊缝的脆性断裂面积增大;而相继添加 Re 和 Cr 后的 11#和 10#钢,焊缝中韧窝的数量增加,脆性断裂向韧性断裂转变。

表 4.20　焊接接头的冲击试样及其断口形貌

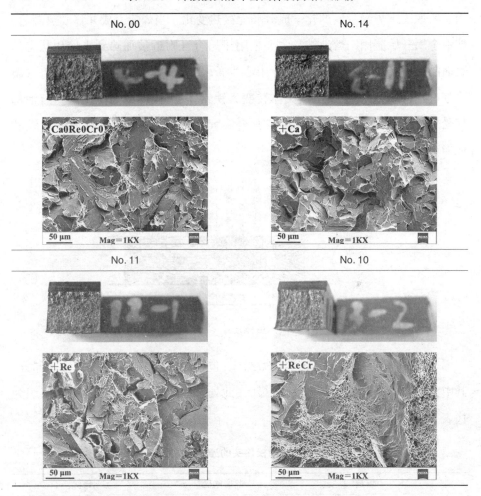

| No. 00 | No. 14 |
| --- | --- |
| No. 11 | No. 10 |

焊缝熔合区组织,为钢、焊丝和焊剂在高温下发生化学反应后冷却形成的二次组织。在相同的焊接和冷却条件下,采用相同的焊丝和焊剂,焊缝熔合区的组织主要受钢材化学成分的影响。从表 4.15 和 4.17 可知,10#钢的化学成分与熔敷金属成分更接近,故熔合性较好。同时,钢种成分不同,其焊接和冷却

工艺也应有所差异;开发化学成分匹配的焊丝、焊剂,是改善钢材焊接性能的一个主要途径。

### 4.4.2.2　微观组织

图4.18所示为焊接接头不同位置的组织晶粒示意图。低合金钢的焊缝组织主要取决于焊缝金属的化学成分和焊接热变化。当焊接完成并移开热源后,熔池金属开始凝固。熔池结晶主要依附于熔合区附近被加热到半熔化状态的表面晶粒,并以柱状晶形态向焊缝中心生长,形成柱状奥氏体晶粒。随着常温冷却过程持续,焊缝金属由奥氏体转变为铁素体、贝氏体或马氏体等。熔池局部受热/冷却不均匀,或存在夹杂物、合金元素偏析等,都会影响焊缝组织和性能。

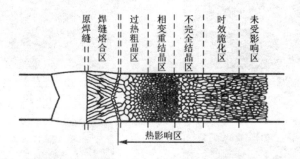

**图4.18　焊接接头组织示意图**

表4.21为焊接接头的光学显微组织,包括焊缝、热影响区和母材三部分。其中,热影响区的组织随位置变化最大,此处选取距焊缝约20 mm处的组织为代表。

**表4.21　焊接接头的光学显微组织**

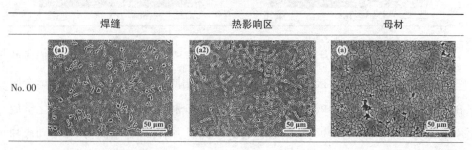

|  | 焊缝 | 热影响区 | 母材 |
|---|---|---|---|
| No. 00 | | | |

续表4.21

| 焊缝 | 热影响区 | 母材 |
|---|---|---|

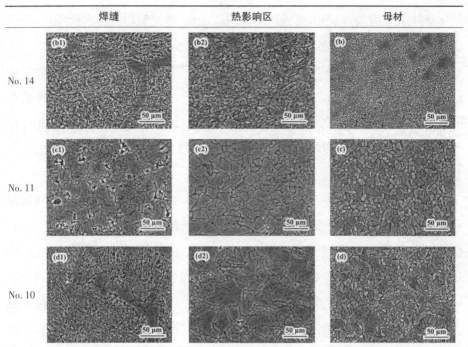

如(a1)、(c1)所示,00#和11#焊缝组织主要为块状先共析铁素体和珠光体,晶粒比母材稍大,珠光体明显增多。焊接热的输入使低合金钢发生奥氏体化,并在适宜的条件转变为珠光体,有利于提高焊接强度。(b1)、(d1)显示,14#和10#焊缝组织中,除针状铁素体和少量珠光体外,还出现了魏氏组织。针状铁素体生成有助于提高焊接接头的强度,但粗大的魏氏组织必然会降低焊缝处的低温韧性、增大脆性断裂概率,同时不排除 Ca 和 Cr 对焊接的不利影响。

(a2)、(b2)、(c2)、(d2)显示,焊接热影响区/过热区为沿晶界析出的块状先共析铁素体、向晶内生长的条状铁素体和微量珠光体,靠近焊缝熔合区的组织晶粒明显增大,其强度会相应降低。

经 Ca 处理后的14#钢,珠光体基本消失,母材和热影响区的组织晶粒均匀、细化,强度自然改善。添加 Re 后的11#钢,晶界更加明晰,晶粒有所增大,母材中的珠光体消失,Re 净化钢液/组织晶界、促进铁素体生成的作用显著,同时保证了焊缝处均匀的铁素体和珠光体组织。继续添加 Cr 后的 10#钢,焊缝处珠光体多数消失,但粗大的魏氏组织再次出现,母材组织晶粒有所细化,由此引起焊缝处脆性断裂的倾向增大,而母材强度会有所改善。

综上可知,Ca 和 Re 均可净化钢质、促进珠光体向铁素体转变。Ca 虽然能细化钢组织晶粒以提高强度,但引发魏氏组织的倾向较大,增大焊缝脆性断裂的概率。而 Re 的作用则相反,有助于改善焊缝处的韧脆性能;但继续加入 Cr 后,焊缝处会重现魏氏组织,局部脆性断裂倾向增大。

### 4.4.2.3 力学性能

表 4.22 所示为四种母材及焊接接头的力学性能。焊接接头的拉伸断裂位置均在热影响区,其强/塑性均低于母材,是焊接热对组织回火使晶粒变粗大、强度下降所致。母材强度越大,其热影响区抗拉强度的降幅也越大,而断后伸长率的降幅却相反。经计算,四种热影响区的伸长率分别为母材的 73%、69.6%、65.2%、64.6%,伸长率均比母材小并呈下降趋势。合金元素的种类或含量增加,并在晶界处析出有助于改善钢材的强度,但也会增大"回火"脆化概率,引发裂纹产生或脆性断裂。

表 4.22　实验钢及其焊接接头的力学性能

| 实验钢 | | 屈服强度 $R_e$/MPa | 抗拉强度 $R_m$/MPa | 屈强比 $R_e/R_m$ | 断后伸长率 $A$/% | 低温冲击功 $-40℃\ A_{KV}$/J |
|---|---|---|---|---|---|---|
| No. 00 | 焊接接头 | 372 | 444 | 0.84 | 26.0 | 32 |
| | 母材 | 415 | 495 | 0.84 | 35.6 | 350 |
| No. 14 | 焊接接头 | 387 | 445 | 0.87 | 26.8 | 24 |
| | 母材 | 417 | 500 | 0.83 | 38.5 | 349 |
| No. 11 | 焊接接头 | 320 | 401 | 0.80 | 30.0 | 37.5 |
| | 母材 | 330 | 413 | 0.80 | 46.0 | 311 |
| No. 10 | 焊接接头 | 350 | 414 | 0.845 | 25.5 | 30 |
| | 母材 | 385 | 443 | 0.87 | 39.5 | 324 |

Ca 可脱 O、S,同时改性夹杂物并形成球状复合氧化物,进而改善钢材性能,故 14#钢的母材与焊接接头的强度最好。有研究[13]指出,当 Ca 含量小于

0.01% 时,夹杂物的数量随 Ca 含量增加而增加,Ca 能有效细化奥氏体晶粒,提高钢的性能。Re 会显著降低钢在焊接前/后的强度,续加 Cr 可对此止降反增。

熔合区的焊缝 $-40℃$ $A_{KV}$ 均远低于母材。其中,14# 冲击功 $A_{KV}$ 仅有 24 J($\leqslant$27 J),不满足 GB/T 12470《埋弧焊用低合金钢焊丝与焊剂》中对熔敷金属冲击功的最低要求。由微观组织可知,是焊缝在焊接热输入过程中产生了魏氏组织、引发回火脆性所致。11# $A_{KV}$ 最高,应该是 Re 促使焊缝熔敷金属中夹杂物发生球化的结果;而续加 Cr 的 10# 钢,其焊缝的 $A_{KV}$ 却降低,与微观组织的变化正相关,与断口形貌负相关,可见 Cr 引发魏氏组织重现,进而降低焊缝低温韧性的倾向还是很大的。合金元素或杂质等在原奥氏体晶界富集,会增大焊缝组织的脆性断裂倾向,同时碳化物也会沿着晶界析出而导致晶间断裂。

综上可知,热影响区的强度和塑性均明显低于母材和焊缝熔合区,而焊缝的低温冲击韧性则远低于母材。Ca 与 Cr 均能改善母材和热影响区的强度,但会降低焊缝处的低温韧性,或升高韧/脆转变温度、增大脆性断裂倾向;Re 的作用恰好相反,能改善焊接区的低温韧性,但会降低钢母材和热影响区的强度。

## 4.4.3　Cl⁻ 与 HSO₃⁻ 液膜下焊接接头的初始腐蚀行为

表 4.23 为基础钢 No.00 的焊接接头分别在 NaCl(C) 和 NaHSO₃(S) 两种液膜下腐蚀 1 min、3 min 和 4min 的微观形貌。

表 4.23　No.00 焊接接头的初始腐蚀形貌

由上表可知:C 中腐蚀形貌主要为点蚀,S 中则主要呈现出金属学纹理形貌;随腐蚀时间增加,点蚀面积逐渐扩大,腐蚀纹理逐渐清晰,S 腐蚀约 4 min 时晶界开始显现。因此,将 4 min 时的初始腐蚀形貌作为重点讨论对象。另发现,00#焊缝熔合区内也存在细长的魏氏组织,说明焊接工艺还有待优化。

### 4.4.3.1 NaCl 液膜下焊接接头的初始腐蚀行为

表 4.24 所示为焊接接头遭受 NaCl 薄液膜腐蚀后的光学形貌/显微组织,以焊缝、熔合区、热影响区三处作为重点分析。抛光后的焊接接头,先在电解液薄膜下腐蚀 4 min,再用体积比 4%的硝酸酒精擦拭(腐蚀晶界)。

NaCl 薄液膜覆盖下的钢表面,固体小颗粒吸附位置首先发生点腐蚀,颜色变化依次为黄绿—浅棕—黑褐—黄褐,由点到面快速扩张。个别点在 3 min 左右时出现明显的线/条状,但生长速率极为缓慢。其他位置也陆续出现新的黄绿小点,腐蚀约 4 min 的特征更加明晰。固体小颗粒主要为吸附在钢表面的环境悬浮颗粒,可分为惰性颗粒和非惰性颗粒。惰性颗粒处的颜色和面积变化不明显,而导电性、可溶性小颗粒处则变化很快,它们通过传递电子或参与腐蚀的方式加速原电池的阳极溶解。而钢组织有缺陷或夹杂物的晶界处,常常会首先发生腐蚀。

表 4.24 焊接接头遭 NaCl 腐蚀后的光学显微组织

续表4.24

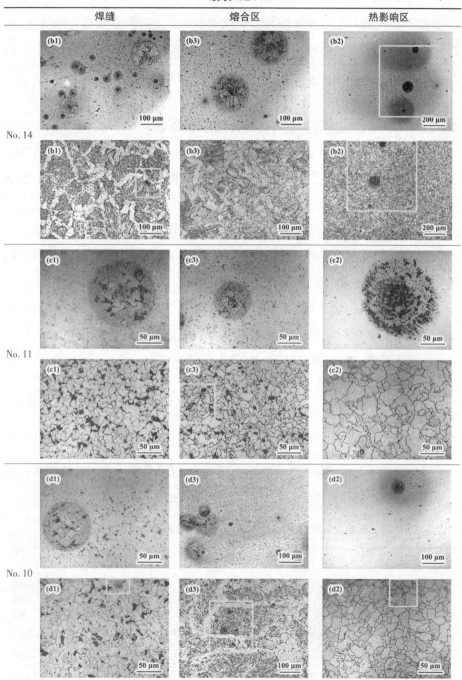

| 焊缝 | 熔合区 | 热影响区 |

No. 14

No. 11

No. 10

腐蚀结果显示,NaCl 薄液膜腐蚀后的钢组织表面出现很多圆点。有的圆点周围没有褐色圆晕,显然为惰性颗粒或惰性点。多数圆点带有褐色圆晕,面积有大有小,说明存在时间有长有短,或腐蚀速率有快有慢。有的圆点中心颜色很深,且与其褐色圆晕之间存在明显边界,并且在硝酸酒精擦拭后消失,可知这类圆点中心为导电性固体颗粒,它们在腐蚀中作阴极引发周围铁素体腐蚀,而其自身不被溶解或不直接参与腐蚀,只起到传递电子的作用。有的圆晕斑中心颜色较浅,且出现金属学纹理或界面,经硝酸酒精擦拭后,纹理界面依然存在,且与铁素体-珠光体晶界或魏氏组织纹理等重合,此类圆斑多起源于可溶性固体颗粒,颗粒作为反应物直接参与并加速腐蚀,且在晶界缺陷/夹杂处会引发"择优腐蚀"。添加 Ca 和 Re 均可促进珠光体向铁素体转变,同时改性夹杂物形态、净化晶界以降低择优腐蚀发生概率,而 Re 对焊缝组织、低温韧性和热影响区晶界的改善效果更好。

综上可知,NaCl 薄液膜模拟的湿热海洋大气中,钢的初始腐蚀主要呈现点蚀特征。点蚀位置不固定,主要受吸附颗粒的理化性质影响,并易在晶界缺陷处发生择优腐蚀。添加微量 Ca 和 Re 均会降低择优腐蚀发生,而 Re 对焊接接头的综合作用更好。

### 4.4.3.2　NaHSO₃ 液膜下焊接接头的初始腐蚀

表 4.25 所示为焊接接头遭受 NaHSO₃ 薄液膜腐蚀后的光学形貌/显微组织。同样将抛光后的焊接接头,先在 NaHSO₃ 薄液膜下腐蚀 4 min,再用体积比 4%的硝酸酒精擦拭,并选择焊缝、熔合区和热影响区三处进行重点分析。

表 4.25　焊接接头遭 NaHSO₃ 腐蚀后的光学显微组织

| 焊缝 | 熔合区 | 热影响区 |
|---|---|---|
| | | |

No. 00

续表4.25

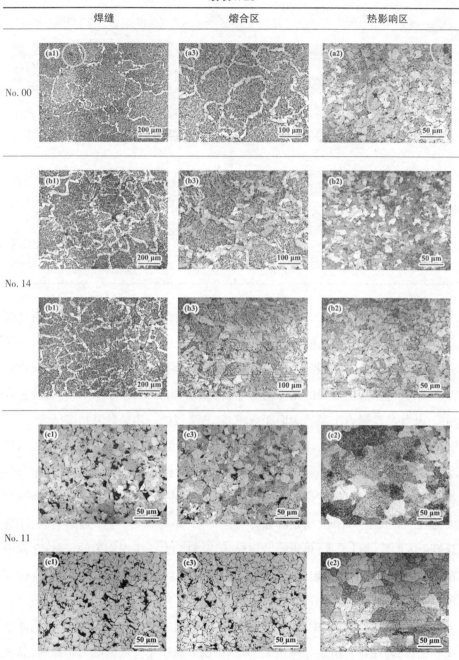

| | 焊缝 | 熔合区 | 热影响区 |

续表4.25

| 焊缝 | 熔合区 | 热影响区 |
|---|---|---|

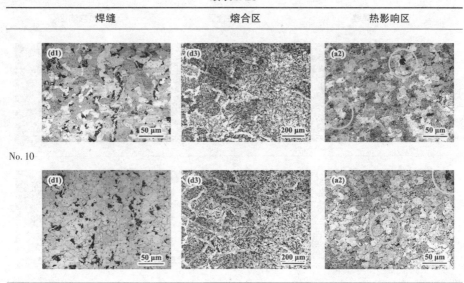

No.10

腐蚀结果表明,NaHSO₃薄液膜腐蚀过的焊接接头,其形貌呈现出明显的金属学纹理。其中,粗大的魏氏组织在腐蚀约 3 min 时就已经明显呈现,继续腐蚀至 4 min 的纹理变化不大;多边形晶粒的边界并不清晰,而珠光体同比较为明显,其与铁素体之间的晶界稍有显现,铁素体晶粒则呈现出不同的颜色或晶向,某些晶粒暴露出来的表面能量较高,易受侵蚀。用硝酸酒精擦拭后,魏氏组织纹理没有明显变化,珠光体与铁素体的晶界更加明晰,铁素体晶粒颜色梯度明显减小、晶界呈现,其晶界位置与先前的颜色界限重合。硝酸腐蚀前若隐若现的珠光体晶界,应该是珠光体电位差较高,引发周围铁素体优先腐蚀的结果;位置不同,组织不同,初始腐蚀行为也不同,焊缝≥熔合区>热影响区,即焊缝熔合区的腐蚀最严重,热影响区较轻,但一般会大于组织均匀的母材;而钢中合金成分与焊丝的成分越接近、生成的组织越均匀,则焊缝熔合区的综合性能越好。

低合金钢焊接接头中,热影响区的过热区组织由铁素体和少量珠光体组成,组织均匀性好。虽然晶粒粗大,但晶粒比界面积小。依据热力学原理,晶界的反应自由能低于晶粒本身,晶粒粗大则比界面积减小,整体表面的反应自由能升高,会对钢的腐蚀产生抑制作用。而焊缝组织是魏氏组织、针状铁素体/粒状贝氏体/渗碳体、多边形铁素体/珠光体等组成的复合组织,均匀性较差,容易发生腐蚀,故焊缝熔合区的耐蚀性比热影响区差[15]。

总体来说,在 $NaHSO_3$ 薄液膜模拟的湿热工业大气中,焊接接头的初始腐蚀主要呈现出均匀腐蚀的特征,焊缝熔合区的腐蚀高于热影响区,而局部电位差较高会引起一定的优先腐蚀。

### 4.4.3.3 腐蚀机理与讨论

初始腐蚀的模拟结果表明,低合金桥梁钢的焊接接头在湿热海洋大气和湿热工业大气中的腐蚀行为/特征是明显不同的。在介质浓度和腐蚀时间相同的前提下,前者主要表现为点蚀,并容易在晶界缺陷处发生界面择优腐蚀;后者则主要表现为均匀腐蚀,而自身电位较低的组织/晶粒会被优先腐蚀。

海洋大气中的点蚀起源于吸附在钢表面的导电固体颗粒或气溶胶液滴,包括可溶型和难溶型两种。前者占绝大部分,主要为含 Cl 盐颗粒或液滴。它们吸湿后会电离出 $Cl^-$,加速周围钢的阳极溶解,并随着钢表面液膜的连通而迅速扩展,得以在更大区域内进行电子交换,但自身不被消耗。当吸附点的 $Cl^-$ 浓度较高,或腐蚀时间较长时,会在晶界缺陷处产生择优腐蚀,但腐蚀速率很低。该条件下的腐蚀机理可简述为:

$$MCl_x \longrightarrow M^{x+} + xCl^-$$
$$Cl^- + Fe^{2+} + OH^- \longrightarrow Fe(OH)Cl \longrightarrow Fe(OH)^+ + Cl^- \tag{4.19}$$

工业大气中的均匀腐蚀源自钢表面与 $SO_2$ 的全面接触,并随液膜的形成和连通而加速电化学反应。$SO_2$ 溶解产生的 $HSO_3^-$ 和 $H^+$ 会作为反应离子而直接参与腐蚀,并起到加速作用。不同组织/晶粒之间的耐蚀性或腐蚀电位不同,也会出现一定的腐蚀差异。如:魏氏组织的白亮带自始至终呈现,其耐蚀性较强;珠光体的电位较高,会引发周围铁素体优先腐蚀,晶界随时间延长而出现;铁素体晶粒的晶向不同,表面能较高的晶粒易受侵蚀,导致晶粒间的颜色也不同。该条件下的腐蚀机理可简述为:

$$SO_2+H_2O \longrightarrow H^+ + HSO_3^-, 2HSO_3^- + O_2 \longrightarrow 2H^+ + 2SO_4^{2-}$$

$$2H^+ + Fe \longrightarrow Fe^{2+} + H_2\uparrow, 4H^+ + 2Fe + O_2 \longrightarrow 2Fe^{2+} + 2H_2O \qquad (4.20)$$

$$3H^+ + Fe(OH)_3 \longrightarrow Fe^{3+} + 3H_2O$$

$Cl^-$、$SO_2$ 的侵蚀在时刻进行,其离子累积浓度随时间延长也在增大,钢的腐蚀损失相应加深。国家工业化发展和国际贸易的繁荣导致沿海地区的工业污染不断加重,$Cl^-$ 与 $SO_2$ 长期共存并协同作用给服役中的钢材带来新的威胁。大量研究证实:在腐蚀初期,$SO_2$ 的参与会显著增强薄锈层的致密性,进而对 $Cl^-$ 的腐蚀/破坏行为产生抑制。但在湿热条件下,初期致密薄锈层在干燥过程中会因内应力、风和光照等综合作用而容易产生小裂纹。$Cl^-$ 通过裂纹依然能快速入侵钢基体,并引发钢/锈界面疏松,而尺寸较大的 $HSO_3^-$ 在最初多被阻挡在外。随锈层裂纹尺寸增大,$HSO_3^-$ 得以进入并与稳定性差的腐蚀产物反应,引发锈巢产生、锈层结构破坏,同时为腐蚀液滞留提供场所。尺寸较小的 $Cl^-$ 穿透锈层对钢基体产生持续的点蚀,引发锈层增厚、应力增大、裂纹扩展,而滞留的 $HSO_3^-$ 随后通过裂纹对锈层和钢基体发起更大范围的腐蚀。

因此,$Cl^-$ 与 $SO_2$ 的协同腐蚀可描述为:初始 $SO_2$ 参与的均匀腐蚀促使致密锈层形成,进而对 $Cl^-$ 的点蚀产生一定抑制;随后 $Cl^-$ 的超强渗透和点蚀作用导致局部腐蚀不均、裂纹扩大,为 $HSO_3^-$ 的大量侵蚀提供条件。简言之,点/面交错腐蚀。

钢中添加微量 Ca、Re 等,可净化钢质、改性夹杂、净化晶界,促进珠光体向铁素体转变,有助于缓解钢的不均匀腐蚀。其中,Ca 处理过的 14#钢,晶粒细化、力学性能改善,故 Ca 适合直接加入钢中;而 Re 加入钢中会明显降低其力学性能,但可减少焊接熔合区的魏氏组织,改善焊接接头的综合性能,故可尝试开发含 Re 的焊丝焊剂。

# 4.4.4 小 结

(1)相同焊接试验所得的不同焊接接头,热影响区的强度均最差、焊缝的低温韧性最差且最容易腐蚀。在改善焊接接头的组织与性能方面,Ca 处理适用于母材和热影响区,而 Re 在焊缝熔合区的优势更明显,Cr 可弥补 Re 的强度劣势。

(2)实验钢焊接接头的初始腐蚀行为,在湿热海洋大气($Cl^-$)中主要表现为点蚀,在晶界缺陷处还会出现择优腐蚀;在湿热工业大气($HSO_3^-$)中则主要表现为均匀腐蚀,而电位差或界面能差较大的地方也会有不均匀腐蚀。

# 4.5 本章小结

本章以降低桥梁钢的成本为目标,采用相同的生产工艺、腐蚀实验和评价手段,重点考察了 Si、Al、Ca 等元素对桥梁钢腐蚀性能的影响,并揭示了其作用机理。另外,初步研究了 4 种桥梁钢焊接接头的组织、性能与初始腐蚀行为,对比了 Ca、Re、Cr 的作用差异,并揭示了 $Cl^-$ 和 $HSO_3^-$ 的初始腐蚀特征。

(1)Ca、Si、Al 都能抑制珠光体并促进铁素体转变,进而促进钢的均匀腐蚀,其能力依次减弱。Ca 还能细化组织晶粒,改善钢的力学性能。而 Al 则会显著降低钢的低温冲击韧性。

(2)三种钢的腐蚀深度损失均遵循幂函数分布规律,常系数因合金元素种类不同而不同。根据平均腐蚀速率的斜率或保护锈层的形成过程,可将腐蚀过程大致分成两个阶段:初期腐蚀加速阶段和锈层形成后的腐蚀减速阶段。锈物相成分仍主要是非晶和少量晶体 $\alpha/\gamma/\beta$-FeOOH、$Fe_3O_4$。

(3)Ca、Si、Al 改善钢材耐蚀性的能力依次降低,而 Al 却会增大钢的腐蚀倾向。它们的作用机理有明显差异:Ca 不但会强烈抑制腐蚀产物的晶体转变,还会提升腐蚀产物的 pH 值,进而提高锈层的致密性和电化学阻抗。Si 能促进腐蚀产物($\alpha$-FeOOH)结晶,同时生成反尖晶石类氧化物 $Fe_2SiO_4$,提高锈层的稳定性,但其优势会随锈层增厚、裂纹增多而减弱。Al 也会强烈抑制腐蚀产物的晶体转变,生成反尖晶石类氧化物 $FeAl_2O_4$,有助于改善锈层的致密性和稳定性;但在 $SO_2$ 污染的高湿热酸性条件下,两性含 Al 氧化物会被溶解,从而降低锈颗粒的黏结性、增大裂纹倾向,进而危及钢基体腐蚀。Ca 处理可作为低成本高性能桥梁钢的主要突破口。

(4)按照焊接接头的组织和晶粒差异,可将其简单分为三部分:焊缝熔合区、热影响区和母材。其中,热影响区的晶粒粗大、强度最低,而焊缝熔合区的二次组织均匀性和低温冲击韧性最差、腐蚀敏感性很高。因此,改善焊接接头的组织和性能,尤其是耐腐蚀性能,是焊接桥梁钢的另一个工作重心。Ca 和 Re 虽然都能净化钢组织晶粒/晶界,但 Ca 适用于钢中,而 Re 用于焊材会更好。

(5)在焊接接头的不同组织和区域内,0.1 mol/L-40 μL/cm² 的均匀 NaCl 液膜,均表现出点蚀为主、零星择优腐蚀的初期腐蚀特征;而 0.1 mol/L-40 μL/cm² 的均匀 NaHSO₃ 液膜,则表现出均匀腐蚀为主、局部电位差(微弱不均匀)腐蚀的特征。即 Cl⁻ 与 SO₂ 的主要腐蚀特征分别为点蚀和均匀腐蚀。当二者协同作用时,外锈层的致密性明显提高,说明 SO₂ 在腐蚀初期起主导作用。

第 5 章

# 结　论

〰〰〰〰〰〰〰〰〰〰〰〰〰〰〰〰〰〰〰〰〰〰〰〰〰〰〰〰〰〰〰

　　本书针对当前跨海大桥用钢的腐蚀和选材问题,选择高湿热沿海工业大气中钢的腐蚀行为和桥梁钢的耐湿热腐蚀性能/机理两个关键问题展开实验研究。实验以低碳/合金(桥梁)钢为测试对象,以 NaCl 和 NaHSO₃ 溶液为腐蚀介质,通过室内模拟腐蚀(湿/干周期浸润腐蚀、均匀电解液膜腐蚀)实验与合理的评价方法,考察了:(环境)SO₂ 污染对低碳/合金钢湿热腐蚀损失/行为的影响,$Cl^-$ 与 $SO_2$ 的腐蚀特征和协同作用机理;(反应界面)高湿热条件下腐蚀锈层的结构与成分;(材料)合金元素对桥梁钢力学性能、焊接性能和腐蚀性能的影响,合金元素在锈层中的分布与赋存状态,合金元素在腐蚀中的作用机理,焊接接头的组织、性能与腐蚀敏感性,等。主要研究结论如下:

## 5.1　环境介质腐蚀特征

　　(1)当电解液的浓度(0.1 mol/L)、膜厚度(40 μL/cm²)和腐蚀时间(1~4 min)均相同时,$Cl^-$ 表现出以点腐蚀为主、零星择优腐蚀的特征,而 $SO_2$($HSO_3^-$)则表现出以均匀腐蚀为主、局部电位差(轻微不均匀)腐蚀的特征。

　　(2)高湿热沿海大气中,$SO_2$ 污染(以 0.1 mol/L NaCl+0.01 mol/L NaHSO₃ 溶液为介质)会破坏低碳钢的锈层结构(如 锈巢),明显加重其腐蚀损失;同时会提高外锈层的致密性,削弱/改变 $Cl^-$ 腐蚀的疏松特征。

## 5.2　钢中元素作用机理

（1）钢中添加少量合金元素（如 Mn、Ni、Cu、Cr、Mo、Si、Ca 等），能提高锈层保护性，缓解/防止钢的腐蚀。耐蚀锈层能强烈抑制 $SO_2$ 的侵蚀，阻止锈巢生成，并将 $HSO_3^-$ 限制在外锈层；但对 $Cl^-$ 的抑制能力较弱，导致钢/锈界面 $Cl^-$ 富集和新生锈层疏松。高 Ni 含 Cu 桥梁钢的综合性能最好，而 Mn 含量升高或添加 Al 则不能改善钢材的耐沿海工业大气湿热腐蚀性能。Ni≤0.42 和 Ca 处理可作为高性能–低成本耐候桥梁钢的一个主要突破口。

（2）合金元素在锈层中主要以稳定（复合）氧化物的形式存在，并可细化锈晶粒（如 Mn）或抑制锈的结晶（如 Ni-3.55、Ca）、抑制 β-FeOOH 并促进 α-FeOOH 生成（如 Si、Ni-0.42），改善锈层稳定性（如 Mo）、黏附性和自修复能力（如 Cu）、电阻和结构致密性（如 Ca），减轻钢基体电位差腐蚀（如 Cr、Re）。而含 Al 锈层的稳定性与黏附性均较差，Mn 升高也会降低锈层黏附性。

（3）桥梁钢焊接接头的腐蚀敏感性远高于母材，尤其是焊缝熔合区。开发配套的焊条、焊剂是改善焊接接头耐蚀性能的关键。添加 Re 有助于改善焊缝熔合区的组织，进而改善其综合性能。

## 5.3　腐蚀规律与锈层性质

（1）高湿热沿海工业大气中，低碳/合金（桥梁）钢的腐蚀深度损失曲线均遵循幂函数 $d = at^b$ 分布规律。常系数 a、b 主要受环境和钢材因素影响，也常因实验点的设置而偏离真实值。腐蚀过程可大致分为两个阶段：（锈层形成前）快速腐蚀阶段和（锈层形成后）腐蚀减速阶段。高湿度会加速腐蚀进程，导致锈层快速增厚，O 和 Fe 等元素的浓度梯度明显变小；同时会加速锈层内腐蚀应力的积聚，增大裂纹产生概率。腐蚀产物/锈主要由非晶（如 δ-FeOOH）和少量晶体 α-FeOOH、β-FeOOH、γ-FeOOH 和 $Fe_3O_4$/γ-$Fe_2O_3$ 等组成；稳定锈物相（如 α-FeOOH）增多、锈颗粒细化和黏结性增强，均有利于改善锈层的保护性。

　　(2)高湿热条件下,裂纹不但为 $H_2O$、$Cl^-$ 和 $HSO_3^-$ 的快速入侵提供绿色通道,还是其滞留场所,对耐蚀锈层结构和附着性的危害很大。修复小裂纹最有效的元素是 Cu(氧化物稳定性和黏结性强),其次是 Ni(较高含量)、Cr、Mo、Si 等。

# 参考文献

[1] 陈伯蠡. 中国焊接钢桥的发展[J]. 电焊机,2007(3):1-5.

[2] 郭爱民,邹德辉. 我国桥梁用钢现状及耐候桥梁钢发展[J]. 中国钢铁业,
2008(9):18-23.

[3] 周履. 桥梁耐久性发展的历史与现状[J]. 桥梁建设,2000(4):58-61.

[4] ALBRECHT P,HALL T T. Atmospheric corrosion resistance of structural steels
[J]. Journal of Materials in Civil Engineering,2003,15(1):2-24.

[5] 柯伟. 中国腐蚀调查报告[M]. 北京:化学工业出版社,2003:30-31.

[6] 曹楚南. 中国材料的自然环境腐蚀[M]. 北京:化学工业出版社,2005:2-6.

[7] JAVAHERDASHTI R. How corrosion affects industry and life [J]. Anti-
corrosion methods and materials,2000,47(1):30-34.

[8] 刘玉擎,陈艾荣. 耐候钢桥的发展及其设计要点[J]. 桥梁建设,2003(5):
39-41.

[9] 郭爱民,董汉雄,邹德辉. 武钢高强度耐候桥梁钢耐腐蚀性能研究[A].
2008年全国轧钢生产技术会议文集[C],2008:745-750.

[10] 黄维,张志勤,高真凤,等. 国外高性能桥梁用钢的研发[J]. 世界桥梁,
2011(2):18-21.

[11] BARKER M G,SCHRAGE S D. High-performance steel bridge design and
cost comparisons [J]. Transportation Research Record,2000(1740):33-39.

[12] USAMI A,KIHIRA H,KUSUNOKI T. 3% Ni weathering steel plate for
uncoated bridges at high airborne salt environment [J]. Nippon Steel
Technical Report,2003(87):21-23.

[13] 松岛岩. 低合金耐蚀钢:开发、发展及研究[M]. 靳裕康,译. 北京:冶金工
业出版社,2004:41-53.

[14] 全国钢标准化技术委员会. GB/T 714—2008,桥梁用结构钢[S]. 北京:中国标准出版社,1986.

[15] 林翠,王凤平,李晓刚. 大气腐蚀研究方法进展[J]. 中国腐蚀与防护学报,2004,24(4):249-256.

[16] TAMURA H. The role of rusts in corrosion and corrosion protection of iron and steel [J]. Corrosion Science,2008,50(7):1872-1883.

[17] EVANS U R,Taylor C A J. Mechanism of atmospheric rusting [J]. Corrosion Science,1972,12(3):227-246.

[18] ASAMI K,KIKUCHI M. In-depth distribution of rusts on a plain carbon steel and weathering steels exposed to coastal-industrial atmosphere for 17 years [J]. Corrosion Science,2003,45(11):2671-2688.

[19] YAMASHITA M,MIYUKI H,NAGANO H. Compositional gradient and ion selectivity of Cr-substituted fine goethite as the final protective rust layer on weathering steel [J]. Tetsu to Hagane(铁と钢),1997,83(7):448-445.

[20] 张全成,王建军,吴建生,等. 锈层离子选择性对耐候钢抗海洋性大气腐蚀性能的影响[J]. 金属学报,2001,37(2):193-196.

[21] 杨德钧,沈卓身. 金属腐蚀学[M]. 北京:冶金工业出版社,1999:217-218.

[22] 屈庆,严川伟,白玮,等. NaCl 在 A3 钢大气腐蚀中的作用[J]. 中国腐蚀与防护学报,2003,23(3):160-163.

[23] 林翠,赵晴,刘月娥,等. 含 $SO_2$ 大气中 20 碳钢腐蚀产物的演变[J]. 金属学报,2010,46(3):358-365.

[24] HAO L,ZHANG S X,DONG J H,et al. Evolution of atmospheric corrosion of MnCuP weathering steel in a simulated coastal-industrial atmosphere [J]. Corrosion Science,2012,59(3):270-276.

[25] CORVO F,MENDOZA A R,AUTIE M,et al. Role of water adsorption and salt content in atmospheric corrosion products of steel [J]. Corrosion Science,1997,39(4):815-820.

[26] OH S J, COOK D C, TOWNSEND H E. Atmospheric corrosion of different steels in marine, rural and industrial environments [J]. Corrosion Science, 1999, 41(9):1687-1702.

[27] 屈庆,严川伟,张蕾,等. NaCl 和 $SO_2$ 在 A3 钢初期大气腐蚀中的协同作用 [J]. 金属学报,2002,38(10):1062-1066.

[28] 崔雷,杨善武,王树涛,等. 低碳贝氏体钢在三种典型环境中的腐蚀行为和腐蚀产物[J]. 北京科技大学学报,2009,31(3):306-311+356.

[29] ALLAM I M, ARLOW J S, SARICIMEN H. Initial stages of atmospheric corrosion of steel in the Arabian Gulf [J]. Corrosion Science,1991,32(4):417-432.

[30] SUZUKI I, MASUKO N, HISAMATSU Y. Electrochemical properties of iron rust [J]. Corrosion Science,1979,19(7):521-535.

[31] 于全成,王振尧,汪川. 表面沉积 NaCl 和 $NaHSO_3$ 的低合金钢和碳钢在干湿交替条件下的腐蚀行为[J]. 金属学报,2010,46(9):1133-1140.

[32] 王振尧,于全成,汪川,等. 在含硫污染的海洋大气环境中核电用钢的腐蚀行为[J]. 科学通报,2012,57(31):2991-2998.

[33] 陈文娟,郝龙,董俊华,等. 模拟工业-海岸大气中 $SO_2$ 对 Q235B 钢腐蚀行为的影响[J]. 金属学报,2014,50(7):802-810.

[34] 陈文娟,郝龙,董俊华,等. 模拟工业-海岸大气中 pH 值对 Q235B 钢腐蚀行为的影响[J]. 金属学报,2015,51(2):191-200.

[35] 山崎正八郎,横井康夫. 金属の腐食[M]. 日本:防食技術(日),1971,20(7):509-514.

[36] YAMASHITA M, MIYUKI H, MATSUDA Y, et al. The long term growth of the protective rust layer formed on weathering steel by atmospheric corrosion during a quarter of a century [J]. Corrosion Science,1994,36(2):283-299.

[37] CHEN Y Y, TZENG H J, WEI L I, et al. Corrosion resistance and mechanical properties of low-alloy steels under atmospheric conditions [J]. Corrosion

Science,2005,47(4):1001-1021.

[38] 陈新华.合金元素对经济耐候钢大气腐蚀协同抑制作用[D].沈阳:中科院金属所,2007.

[39] 张起生,王向东,于永泗,等.Si 对碳钢耐大气腐蚀性能的影响[J].材料保护,2007,40(8):21-23.

[40] JEONG W T,HWANG Y H,YOO J Y,et al. Combined Effect of Ca and Si on the Seaside Corrosion Property of Weathering Steel [A]. The 2nd Korea - China Joint Symposiumon Advanced Steel Technology [C],Pohang,Korea, KyooYong Kim and Weimin Mao,2001:141-146.

[41] 高新亮,朱苗勇,付贵勤,等.桥梁耐候钢在含 Cl⁻ 离子环境中的腐蚀行为[J].金属学报,2011,47(5):520-527.

[42] HAO L, ZHANG S X, DONG J H, et al. Rusting evolution of MnCuP weathering steel submitted to simulated industrial atmospheric corrosion [J]. Metallurgical and Materials Transactions A,2012,43:1724-1730.

[43] 王雷.MnCu 耐候钢的龟裂和疲劳载荷对耐候钢锈层稳定性的影响[D].沈阳:中科院金属所,2010.

[44] 柯伟,董俊华.Mn-Cu 钢大气腐蚀锈层演化规律及其耐候性的研究[J].金属学报,2010,46(11):1365-1378.

[45] TOMASHOV H.金属腐蚀理论[M].于伯年,等,译.北京:科学出版社, 1957:17.

[46] DÜNNWALD J,OTTO A. An investigation of phase transitions in rust layers using Raman spectroscopy [J]. Corrosion Science,1989,29(9):1167-1175.

[47] 张全成,吴建生,郑文龙,等.耐候钢表面稳定锈层形成机理的研究[J].腐蚀科学与防护技术,2001,13(3):143-146.

[48] 刘丽宏,齐慧滨,卢燕平,等.耐大气腐蚀钢的研究概况[J].腐蚀科学与防护技术,2003,15(2):86-89.

[49] KAMIMURA T, STRATMANN M. The influence of chromium on the

atmospheric corrosion of steel [J]. Corrosion Science, 2001, 43 (3):
429-447.

[50] NISHIKATA A, SUZUKI F, TSURU T. Corrosion monitoring of nickel-containing steels in marine atmospheric environment [J]. Corrosion Science, 2005,47(10):2578-2588.

[51] CHOI Y S,SHIM J J,KIM J G. Effects of Cr,Cu,Ni and Ca on the corrosion behavior of low carbon steel in synthetic tap water [J]. Journal of Alloys & Compounds,2005,391(1-2):162-169.

[52] NISHIMURA T,KATAYAMA H,NODA K,et al. Effect of Co and Ni on the corrosion behavior of low alloy steels in wet/dry environments [J]. Corrosion Science,2000,42(9):1611-1621.

[53] 木村正雄,铃木环辉,重里元一,等.3%Ni 添加海浜型耐候性钢の腐食生成物の观察[A].日本铁钢协会讲演论文集[C],2002:15.

[54] CHEN X H,DONG J H,HAN E H,et al. Effect of Ni on the ion-selectivity of rust layer on low alloy steel [J]. Materials Letters,2007,61(19):4050-4053.

[55] HAO L,ZHANG S X,DONG J H,et al. A study of the evolution of rust on Mo-Cu-bearing fire-resistant steel submitted to simulated atmospheric corrosion [J]. Corrosion Science,2012,54(1):244-250.

[56] AKGÜL F, DAN M F. Time-dependent interaction between load rating and reliability of deteriorating bridges [J]. Engineering Structures, 2004, 26 (12):1751-1765.

[57] 岳丽杰.Cu-P-Re 耐候钢中稀土行为作用及机理的研究[D].沈阳:东北大学,2006.

[58] NAKAYAMA T, ISHIKAWA T, KONNO T J. Structure of titanium-doped goethite rust [J]. Corrosion Science,2005,47(10):2521-2530.

[59] ISHIKAWA T,KUMAGAI M,YASUKAWA A,et al. Influences of metal ions on the formation of $\gamma$-FeOOH and magnetite rusts [J]. Corrosion Science,

2002,44（5）:1073-1086.

［60］陈文娟.模拟 SO$_2$ 污染和高湿热海岸大气中钢的腐蚀演化行为［D］.沈阳:中科院金属所,2014.

［61］李钊,祁庆琚,马朝晖,等.湿热沿海大气环境下的钢铁腐蚀影响因素［J］.宝钢技术,2015(1):77-80.

［62］MORCILLO M,CHICO B,MARIACA L,et al. Salinity in marine atmospheric corrosion:its dependence on the wind regime existing in the site ［J］. Corrosion Science,2000,42(1):91-104.

［63］MA Y T,LI Y,WANG F H. The effect of β-FeOOH on the corrosion behavior of low carbon steel exposed in tropic marine environment ［J］. Materials Chemistry and Physics,2008,112(3):844-852.

［64］JR H E T. Potential-pH diagrams at elevated temperature for the system Fe-H$_2$O ［J］. Corrosion Science,1970,10(5):343-358.

［65］梁彩凤,侯文泰.环境因素对钢的大气腐蚀的影响［J］.中国腐蚀与防护学报,1998,18(1):1-6.

［66］CORVO F,PEREZ T,DZIB L R,et al. Outdoor-indoor corrosion of metals in tropical coastal atmospheres ［J］. Corrosion Science,2008,50(1):220-230.

［67］CORVO F,PÉREZ T,MARTIN Y,et al. Time of wetness in tropical climate:considerations on the estimation of TOW according to ISO 9223 standard ［J］. Corrosion Science,2008,50(1):206-219.

［68］RODRÍGUEZ J J S,HERNÁNDEZ F J S,GONZÁLEZ J E G. The effect of environmental and meteorological variables on atmospheric corrosion of carbon steel,copper,zinc and aluminium in a limited geographic zone with different types of environment ［J］. Corrosion Science,2003,45(4):799-815.

［69］CASTAÑO J G,BOTERO C A,RESTREPO A H,et al. Atmospheric Corrosion of Carbon Steel in Columbia ［J］. Corrosion Science,2010,52(1):216-223.

［70］LI C L,MA Y T,LI Y,et al. EIS monitoring study of atmospheric corrosion under variable relative humidity [J]. Corrosion Science,2010,52(11):3677-3686.

[71] 铁道部标准计量研究所. TB/T 2375—1993,铁路用耐候钢周期浸润腐蚀试验方法[S].北京:中国铁道出版社,1994.

[72] 杨松柏.耐候钢周期浸润腐蚀试验方法的研究[J].铁道技术监督,1996(2):7-13.

[73] 张全成.大气腐蚀过程中耐候钢表面保护性锈层的表征及其改性研究[D].上海:上海交通大学,2002.

[74] 伊赫桑·巴伦.纯物质热化学数据手册[M].程乃良,等,译.北京:科学出版社,2003:675-727.

[75] 熊慧欣,周立祥.不同晶型羟基氧化铁(FeOOH)的形成及其在吸附去除Cr(Ⅵ)上的作用[J].岩石矿物学杂志,2008,27(6):559-566.

[76] ALEXANDER L,KLUG H P. Basic aspects of X-ray absorption in quantitative diffraction analysis of powder mixtures [J]. Analytical Chemistry,1948,20(10):886-894.

[77] 吴建鹏,黄剑锋,贺海燕,等.X射线衍射物相定量分析内标法标准曲线库的建立[J].岩矿测试,2006,25(3):215-218.

[78] 陆金生.X射线定量分析参考物质的研究[J].稀有金属,1982(2):50-52+64.

[79] 张伟,王佳,赵增元,等.电化学阻抗谱对比研究连续浸泡和干湿循环条件下有机涂层的劣化过程[J].中国腐蚀与防护学报,2011,31(5):329-335.

[80] HARA S,KAMIMURA T,MIYUKI H,et al. Taxonomy for protective ability of rust layer using its composition formed on weathering steel bridge [J]. Corrosion Science,2007,49(3):1131-1142.

[81] 董杰,董俊华,韩恩厚,等.低碳钢带锈电极的腐蚀行为[J].腐蚀科学与防护技术,2006,18(6):414-417.

[82] DE LA FUENTE D, DIAZ I, SIMANCAS J, et al. Long-term atmospheric

corrosion of mild steel [J]. Corrosion Science,2011,53(2):604-617.

[83] 王振尧,于全成,陈军君,等.周期干湿浸条件下 P265GH 钢和 Q235 钢的大气腐蚀行为[J].中国腐蚀与防护学报,2014,34(1):53-58.

[84] SUZUKI I,MASUKO N,HISAMATSU Y. Electrochemical properties of iron rust [J]. Corrosion Science,1979,19(8):521-535.

[85] 董俊华,柯伟.低碳钢大气腐蚀室内模拟加速腐蚀试验与锈蚀规律[J].电化学,2009,15(2):170-178.

[86] ALBRECHT P,HALL T T. Atmospheric corrosion resistance of structural steels [J]. Journal of Materials in Civil Engineering,2003,15(1):2-24.

[87] REFAIT P, GÉNIN J M R. The mechanisms of oxidation of ferrous hydroxychloride β-Fe$_2$(OH)$_3$Cl in aqueous solution: the formation of akaganeite vs. goethite [J]. Corrosion Science,1997,39(3):539-553.

[88] WALL F D,MARTINEZ M A,MISSERT N A,et al. Characterizing corrosion behavior under atmospheric conditions using electrochemical techniques [J]. Corrosion Science,2005,47(1):17-32.

[89] WANG S T,YANG S W,GAO K W,et al. Corrosion behavior and corrosion products of a low-alloy weathering steel in Qingdao and Wanning [J]. International Journal of Minerals, Metallurgy, and Materials, 2009, 16(1): 58-64.

[90] YADAV A P,NISHIKATA A,TSURU T. Electrochemical impedance study on galvanized steel corrosion under cyclic wet-dry conditions-influence of time of wetness [J]. Corrosion Science,2004,46(1):169-181.

[91] ZHANG W H,YANG S W,GUO J,et al. Incubation and development of corrosion in microstructures of low alloy steels under a thin liquid film of NaCl aqueous solution [J]. International Journal of Minerals, Metallurgy, and Materials,2010,17(6):748-755.

[92] TOWNSEND H E. Effects of alloying elements on the corrosion of steel in

industrial atmospheres [J]. Corrosion,2001,57(6):497-501.

[93] COOK D C. Spectroscopic identification of protective and non-protective corrosion coatings on steel structures in marine environments [J]. Corrosion Science,2005,47(10):2550-2570.

[94] NAITÔ H,HOSOI Y,OKADA H,et al. Effect of alloying elements in steel on the corrosion behavior in neutral solutions: fundamental studies of the atmospheric corrosion of low-alloy steels [J]. Corrosion Engineering,1967,16 (5):191-196.

[95] 曹国良,李国明,陈珊,等.典型耐海水腐蚀钢中 Ni 和 Cr 耐点蚀作用的比较[J].金属学报,2010,46(6):748-754.

[96] NISHIKATA A,YAMASHITA Y,KATAYAMA H,et al. An electrochemical impedance study on atmospheric corrosion of steels in a cyclic wet-dry condition [J]. Corrosion Science,1995,37(12):2059-2069.

[97] NISHIMURA T,KATAYAMA H,NODA K,et al. Effect of Co and Ni on the corrosion behavior of low alloy steels in wet/dry environments [J]. Corrosion Science,2000,42(9):1611-1621.

[98] NISHIMURA T,KODAMA T. Analysis of chemical state for alloying elements in iron rust [J]. Tetsu-to-Hagane,2002,88(6):320-325.

[99] NISHIMURA T, KODAMA T. Clarification of chemical state for alloying elements in iron rust using a binary-phase potential-pH diagram and physical analyses [J]. Corrosion Science,2003,45(5):1073-1084.

[100] NISHIKATA A,SUZUKI F,TSURU T. Corrosion monitoring of nickel-containing steels in marine atmospheric environment [J]. Corrosion Science,2005,47(10):2578-2588.

[101] KIHIRA H,ITO S,MIZOGUCHI S,et al. Creation of alloy design concept for anti air-born salinity weathering steel [J]. Zairyo-to-Kankyo,2000,49(1): 30-40.

[102] NISHIKATA A, ZHU Q, TADA E. Long-term monitoring of atmospheric corrosion at weathering steel bridges by an electrochemical impedance method [J]. Corrosion Science,2014,87(5):80-88.

[103] 顾家琳,闫睿,久本淳,等.镍含量对钢材大气腐蚀的影响[J].腐蚀与防护,2010,31(1):5-9.

[104] CHENG X Q, JIN Z, LIU M, et al. Optimizing the nickel content in weathering steels to enhance their corrosion resistance in acidic atmospheres [J]. Corrosion Science,2017,115(1):135-142.

[105] CHENG X Q, TIAN Y W, LI X G, et al. Corrosion behavior of nickel-containing weathering steel in simulated marine atmospheric environment [J]. Materials & Corrosion,2015,65(10):1033-1037.

[106] 刘芮,陈小平,王向东,等. Ni 对耐候钢在模拟海洋大气环境下耐蚀性的影响[J].腐蚀科学与防护技术,2016,28(2):122-128.

[107] CHEN X H,DONG J H,HAN E H,et al. Effect of Ni on the ion-selectivity of rust layer on low alloy steel [J]. Materials Letters, 2007, 61 (19): 4050-4053.

[108] GAO X L,FU G Q,ZHU M Y. Effect of nickel on ion-selective property of rust formed on low-alloying weathering steel [J]. Acta Metallurgica Sinica (English letters),2012,25(4):295-306.

[109] DIAZ I,CANO H,DE LA FUENTE D,et al. Atmospheric corrosion of Ni-advanced weathering steels in marine atmospheres of moderate salinity [J]. Corrosion Science,2013,76(2):348-360.

[110] CANOA H, NEFFB D, MORCILLO M, et al. Characterization of corrosion products formed on Ni 2. 4wt%-Cu 0. 5wt%-Cr 0. 5wt% weathering steel exposed in marine atmospheres [J]. Corrosion Science, 2014, 87 (5): 438-451.

[111] KARAYANNIS H S,PATERMARAKIS G. Effect of the $Cl^-$ and $SO_4^{2-}$ ions on

the selective orientation and structure of Ni electrodeposits [J]. Electrochimica Acta,1995,40(9):1079-1092.

[112] NODA K,NISHIMURA T,MASUDA H,et al. Ion selective permeability of the rust layer on Fe-Co and Fe-Ni low alloy steel [J]. J Japan Inst Metals, 1999,63(9):1133-1136.

[113] MISAWA T,KYUNO T,SUËTAKA W,et al. The mechanism of atmospheric rusting and the effect of Cu and P on the rust formation of low alloy steels [J]. Corrosion Science,1971,11(1):35-48.

[114] MORCILLO M,CHICO B,DÍAZ I,et al. Atmospheric corrosion data of weathering steels. A review [J]. Corrosion Science,2013,77(12):6-24.

[115] BURGER E,FÉNART M,PERRIN S,et al. Use of the gold markers method to predict the mechanisms of iron atmospheric corrosion [J]. Corrosion Science,2011,53(6):2122-2130.

[116] 曹楚南. 腐蚀电化学原理[M]. 3 版. 北京:化学工业出版社,2008:177.

[117] CHEN W J,HAO L,DONG J H,et al. Effect of sulphur dioxide on the corrosion of a low alloy steel in simulated coastal industrial atmosphere [J]. Corrosion Science,2014,83(7):155-163.

[118] 夏妍,曹发和,常林荣,等. 锈层下碳钢和耐候钢的微区和宏观腐蚀电化学行为[J]. 高等学校化学学报,2013,34(5):1246-1253.

[119] 吴军,周贤良,董超芳,等. 铜及铜合金大气腐蚀研究进展[J]. 腐蚀科学与防护技术,2010,22(5):464-468.

[120] 杨敏,王振尧. 铜的大气腐蚀研究[J]. 装备环境工程,2006,3(4):38-44.

[121] STRATMANN M,BOHNENKAMP K,RAMCHANDRAN T. The influence of copper upon the atmospheric corrosion of iron [J]. Corrosion Science,1987, 27(9):905-926.

[122] 梁彩凤,侯文泰. 合金元素对碳钢和低合金钢在大气中耐腐蚀性的影响 [J]. 中国腐蚀与防护学报,1997,17(2):87-92.

[123] MEJÍA GÓMEZ J A, ANTONISSEN J, PALACIO C A, et al. Effects of Si as alloying element on corrosion resistance of weathering steel [J]. Corrosion Science, 2012, 59(6): 198-203.

[124] KIM K Y, HWANG Y H, YOO J Y. Effect of silicon content on the corrosion properties of calcium-modified weathering steel in a chloride environment [J]. Corrosion, 2002, 58(7): 570-583.

[125] HUDSON J C, STANNERS J F. The corrosion resistance of low-alloy steels [J]. Journal Iron and Steel Institute, 1955(180): 271-284.

[126] LARABEE C P, COBURN S K. The atmospheric corrosion of steels influenced by changes in chemical composition [A]. Proceedings of the First International Congress on Metallic Corrosion [C], London, January 1961: 276-285.

[127] 张起生, 王向东, 于永泗, 等. Si 对碳钢耐大气腐蚀性能的影响[J]. 材料保护, 2007, 40(8): 21-23.

[128] NISHIMURA T. Corrosion performance of Si and Al-bearing ultrafine grained weathering steel [A]//Proceedings of the Second International Conference on Advanced Structural Steels. Shanghai, April 2004: 124-129.

[129] NISHIMURA T. Rust formation and corrosion performance of Si- and Al-bearing ultrafine grained weathering steel [J]. Corrosion Science, 2008, 50(5): 1306-1312.

[130] NISHIMURA T. Corrosion resistance of Si-Al-bearing ultrafine-grained weathering steel [J]. Science & Technology of Advanced Materials, 2008, 9(1): 1-7.

[131] NISHIMURA T. Electrochemical behavior and structure of rust formed on Si- and Al- bearing steel after atmospheric exposure [J]. Corrosion Science, 2010, 52(11): 3609-3614.

[132] CHEN X H, DONG J H, HAN E H, et al. The Synergistic Effect of

Aluminium and Silicon on corrosion resistance of chlorine ion for low alloy steel［A］. Proceedings of the 3rd International Conference on Advanced Structural Steels［C］,Gyeongju,Korea,August 2006:635-643.

［133］董俊华,韩恩厚,柯伟,等.一种 Al-Si 型经济耐候钢［P］.中国专利: CN101033520,2007-09-12.

［134］许红梅,张宇,王银柏,等.一种低成本硅铝耐候钢的研制［J］.钢铁, 2013,48(8):70-74.

［135］邹德辉,郭爱民.我国铁路桥梁用钢的现状与发展［J］.钢结构,2009,24 (9):1-5.

［136］崔忠圻,覃耀春.金属学与热处理［M］.北京:机械工业出版社, 2009:228.

［137］NISHIMURA T. Corrosion Behavior of Silicon-Bearing Steel in a Wet/Dry Environment Containing Chloride Ions［J］. Materials Transactions,2007,48 (6):1438-1443.

［138］于福洲.金属材料的耐腐蚀性［M］.北京:科学出版社,1982.

［139］中国腐蚀与防护学会金属腐蚀手册编辑委员会.金属腐蚀手册［M］.上 海:上海科学技术出版社,1987:272.

［140］王克武.碳钢表面热浸镀铝［J］.表面技术,1995,24(4):21-25.

［141］陈建阳,肖跃文,李雄晖,等.电弧喷铝涂层的保护极限及钢箱梁桥大面 积长效防腐［J］.桥梁建设,2001(1):32-34.

［142］EVANS U R. The Mechanism of Rusting［J］. Quarterly Reviews Chemical Society,1967,21(3):205-213.

［143］CHEN X H,DONG J H,HAN E H,et al. Effect of Al alloying on corrosion performance of steel［J］. Corrosion Engineering Science & Technology, 2007,42(3):224-231.

［144］孙珍宝,朱谱藩.合金钢手册［M］.北京:冶金工业出版社,1982:59-78.

［145］许中波.钢中夹杂物含量及其形态对钢力学性能的影响［J］.钢铁研究学

报,1994(4):18-23.

[146] 吴亦泉,杨健,祝凯,等. Ca 含量对船板结构钢中夹杂物的影响[J]. 宝钢技术,2014(4):1-5.

[147] 陆丰,曹凤豫,李承基,等. Ca 在 58CrV 钢中的合金化行为[J]. 金属学报,1992,28(6):7-12.

[148] 高德春,李承基,曹凤豫. Ca 对 42MnCr 钢显微组织及冲击韧性的影响[J]. 金属热处理学报,1993,14(3):9-14.

[149] 李大经,潘健武. 耐海水腐蚀低合金钢 Ca 处理的冶金质量及对钢性能的影响[J]. 马鞍山钢铁学院学报,1984(2):24-33.

[150] 胡裕龙,孙巍,孔小东,等. 钙处理对 AH36 船体钢耐点蚀性能的影响[J]. 材料科学与工艺,2015,23(4):121-128.

[151] KIM K Y,CHUNG Y H,HWANG Y H,et al. Effects of Calcium Modification on the Electrochemical and Corrosion Properties of Weathering Steel [J]. Corrosion,2002,58(6):479-489.

[152] 罗小兵,柴锋,苏航,等. 含 $H_2S$ 干湿交替环境下船用耐蚀钢研究[J]. 钢铁研究学报,2013,25(8):51-57.

[153] 蒋善玉,夏茂森. 高性能桥梁用钢的研制[J]. 轧钢,2003,20(5):15-17.

[154] 张淑娟,罗娇,刘东升. Q500qENH 特厚桥梁钢板及其焊接接头的耐腐蚀性能[J]. 上海金属,2014,36(1):18-22.

[155] 贾坤宁. 高强度桥梁钢焊接性的研究[D]. 东北大学,2008.

[156] 曹良裕,魏战江. 钢的碳当量公式及其在焊接中的应用[J]. 材料开发与应用,1999,14(1):39-43.

[157] HAN W,YU G C,WANG Z Y,et al. Characterisation of initial atmospheric corrosion carbon steels by field exposure and laboratory simulation [J]. Corrosion Science,2007,49(7):2920-2935.

[158] ZHANG X,XIAO K,DONG C F,et al. In situ Raman spectroscopy study of corrosion products on the surface of carbon steel in solution containing $Cl^-$ and $SO_4^{2-}$[J]. Engineering Failure Analysis,2011,18(8):1981-1989.

# 后　记

　　本书是在导师朱苗勇教授的悉心指导和亲切关怀下完成的,整个过程凝聚了老师的大量心血。朱老师的师德之高尚、为人之谦和、学识之渊博、治学之严谨、目光之独到、格局之远大……时刻熏陶和鞭策着我,并已深入我的脑海。感恩之心,难以言表。不忘初心、砥砺前行! 祝愿老师身体健康、青春永驻!

　　特别感谢付贵勤老师的耐心指导和大力帮助,每一个细节、每一份成果都凝聚着老师的心血。付老师在科研中严谨求实、在教学中循循善诱、在生活中乐于助人,对我博士期间的科研和生活给予很大帮助,是我心中的楷模。在此表示衷心感谢,祝愿付老师身体健康、年轻阳光、万事如意!

　　本书同时得到了高新亮、李青、银呈祥、贾雄飞、白鹏飞等师兄弟的大力帮助。一起工作和学习的日子,枯燥中有乐、紧张且有序、争执后突破、充实又温馨。感谢曾经有你! 祝愿大家在新的岗位上继续厚积薄发、引领风骚。

　　感谢张贺佳、张海辉、程中福、邓志银、李尉等好兄弟对我的大力帮助!

　　感谢先进冶炼–连铸与装备研究所(ASC)的所有老师和同学们。

　　感谢支持和帮助过我的其他老师、同学、朋友和单位。

　　最后谨以此书献给我的爱人和家人,同舟共济、一生有你!